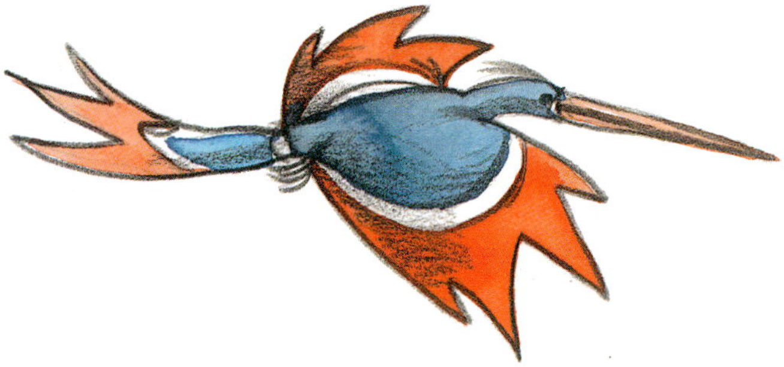

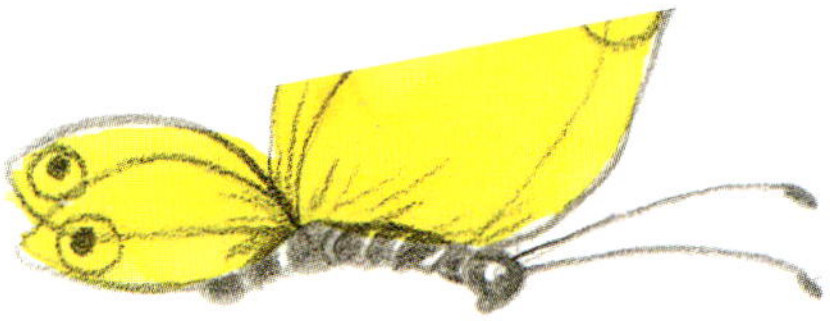

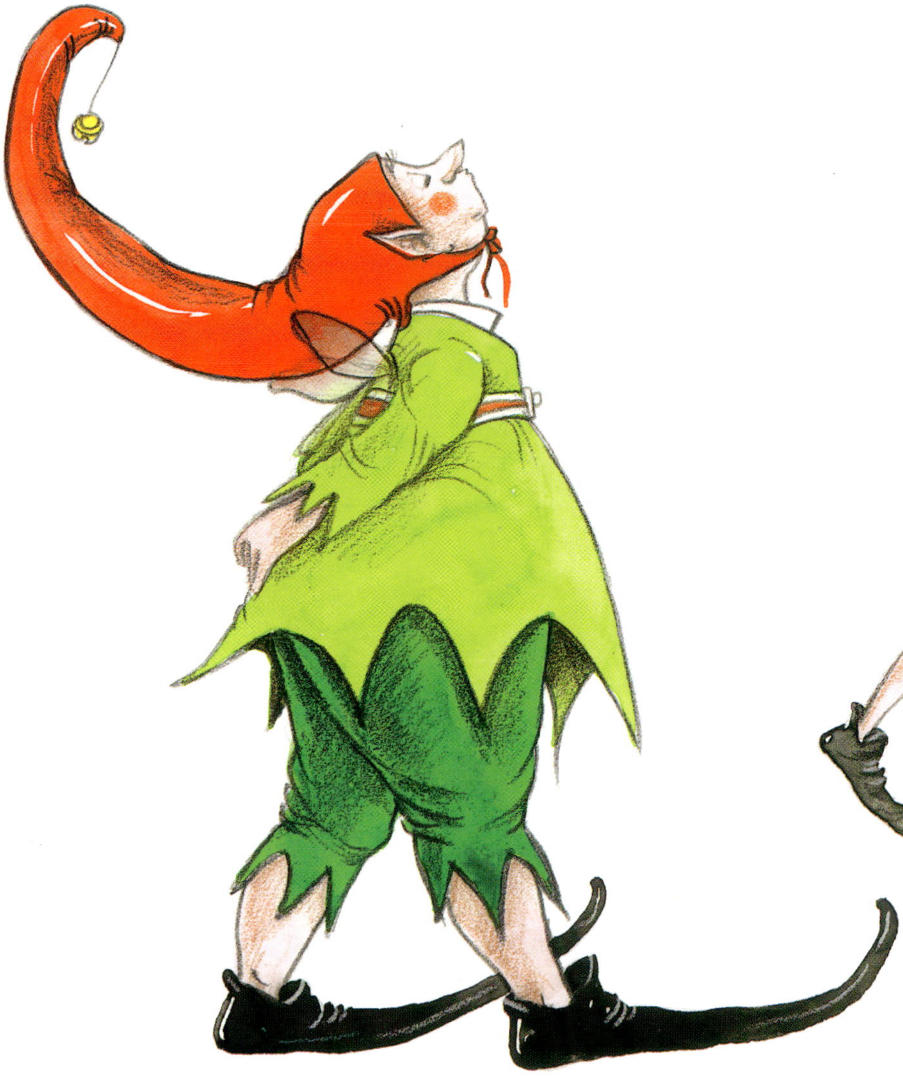

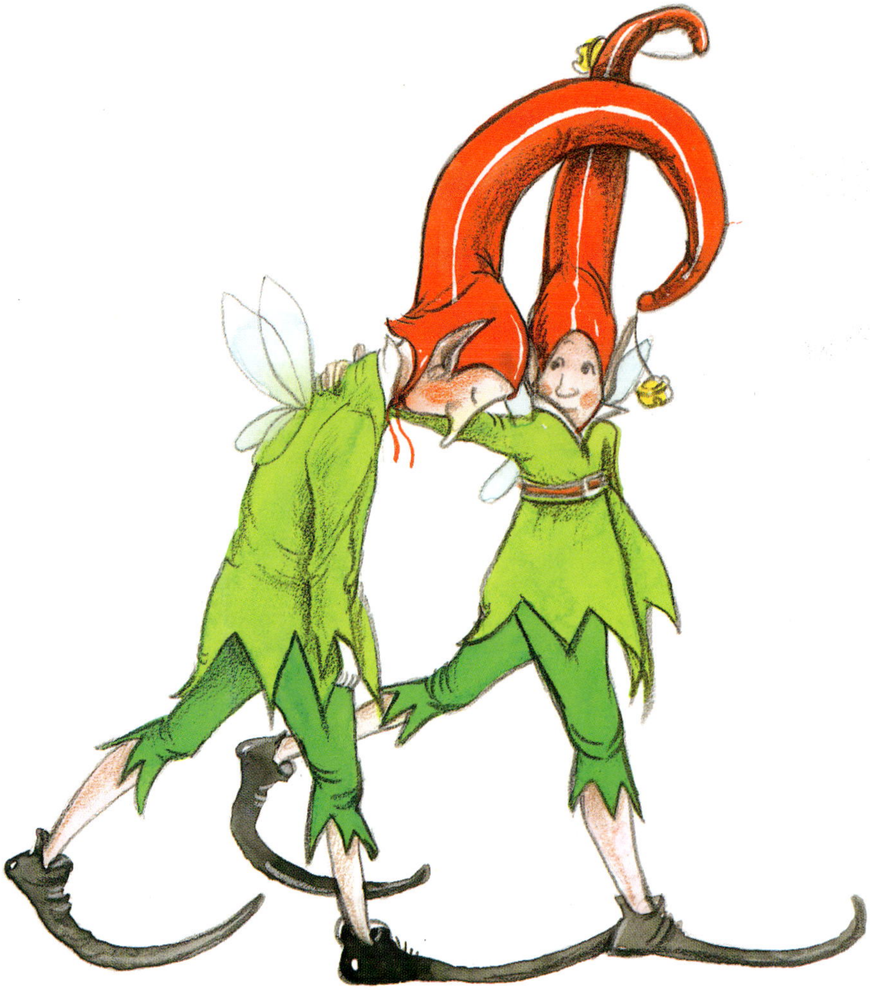

© Herederos de Federico García Lorca
© Susaeta Ediciones, S.A., 1999
C/ Campezo s/n – 28022 Madrid
Telf. 913 009 100
Fax 913 009 118
Diseño de cubierta: Jesús Gabán
Ilustraciones: Alicia Cañas Cortázar
Selección y prólogo: José Morán
Impreso en España
No está permitido la reproducción
del contenido de este libro,
ni su tratamiento informático.

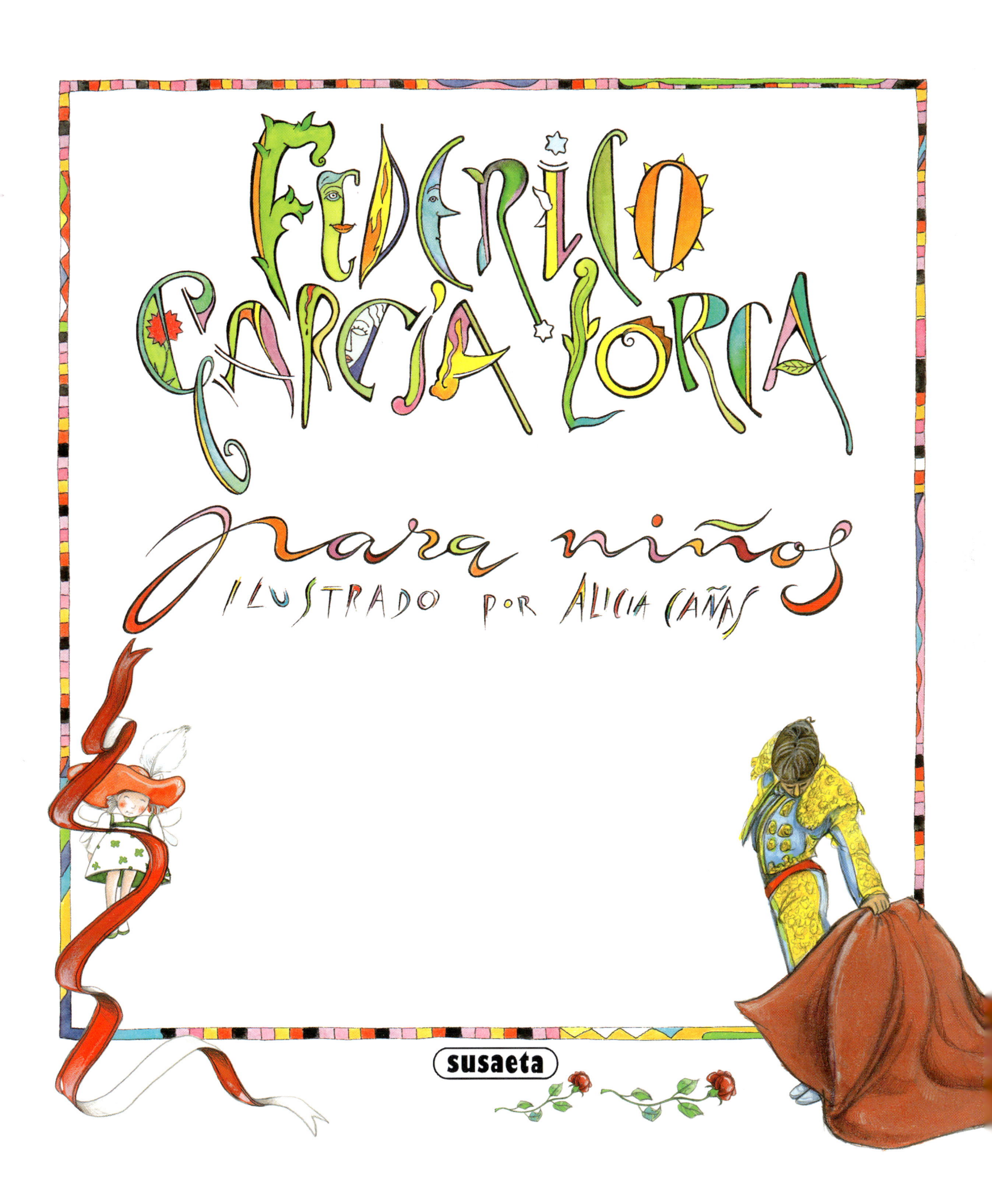

Federico García Lorca

para niños

Ilustrado por Alicia Cañas

susaeta

PRÓLOGO

Federico García Lorca (Granada, 1898-1936) es una de las cumbres poéticas de la literatura española de todos los tiempos.

Así es considerado en todo el mundo, con un reconocimiento de su figura que su arrolladora personalidad, su trágico asesinato al principio de la Guerra Civil y los múltiples homenajes en torno a su reciente centenario no han hecho sino engrandecer y mitificar.

Lorca tuvo siempre un especial amor por la infancia. Nunca creció del todo, nunca quiso dejar de ser un poco niño: alegre, optimista, de gran ingenio y vitalidad, tan amigo de sus amigos, todo ilusión. Junto a versos difíciles y sublimes encontramos otros sencillos (y no menos sublimes) inspirados o dedicados a los niños. Versos que cualquiera puede comprender, dibujar (como él mismo hacía), jugar con ellos o cantarlos.

Sí, también cantarlos porque la música fue otra de sus grandes pasiones (antes que poeta quiso ser músico), y buena parte de su obra –también su valorado teatro– es canción, y muchas veces canción popular y canción infantil. Siempre supo conjugar la tradición de su Andalucía natal con atrevidas y originalísimas imágenes y metáforas que dejan con la boca abierta y hacen de él un poeta absolutamente innovador e irrepetible.

Lorca, además, fue gran persona y hombre de inmenso corazón que siempre supo compadecerse y estar al lado de los más débiles: niños, pobres, gitanos y negros... (los racismos vienen de antiguo); y, en otro plano, también defendió a los animales de las crueldades, pues no soportaba ver sufrir a nadie.

De hecho, otro de los puntos centrales de su vida y de su obra, como han señalado tantos especialistas, fue el desgarro del destino humano, a veces cruel: las ansias de vida y felicidad junto a la silenciosa y latente presencia del sufrimiento y la muerte. Tal fue su trágico caso...

En esta antología hemos seleccionado algunas de sus mejores poesías al alcance de niños y jóvenes, y las hemos ordenado siguiendo los siguientes capítulos temáticos, en parte ya esbozados aquí: *Canciones y Ritmos, Algunos Animales, Naturaleza y Paisajes, Infancias y Juegos, Baladas y Amores, Historias y Leyendas.*

Hemos preparado este libro con la ilusión de que la obra de Federico llegue gozosa al corazón de todos los niños, los dueños del nuevo siglo, y también al de los adultos.

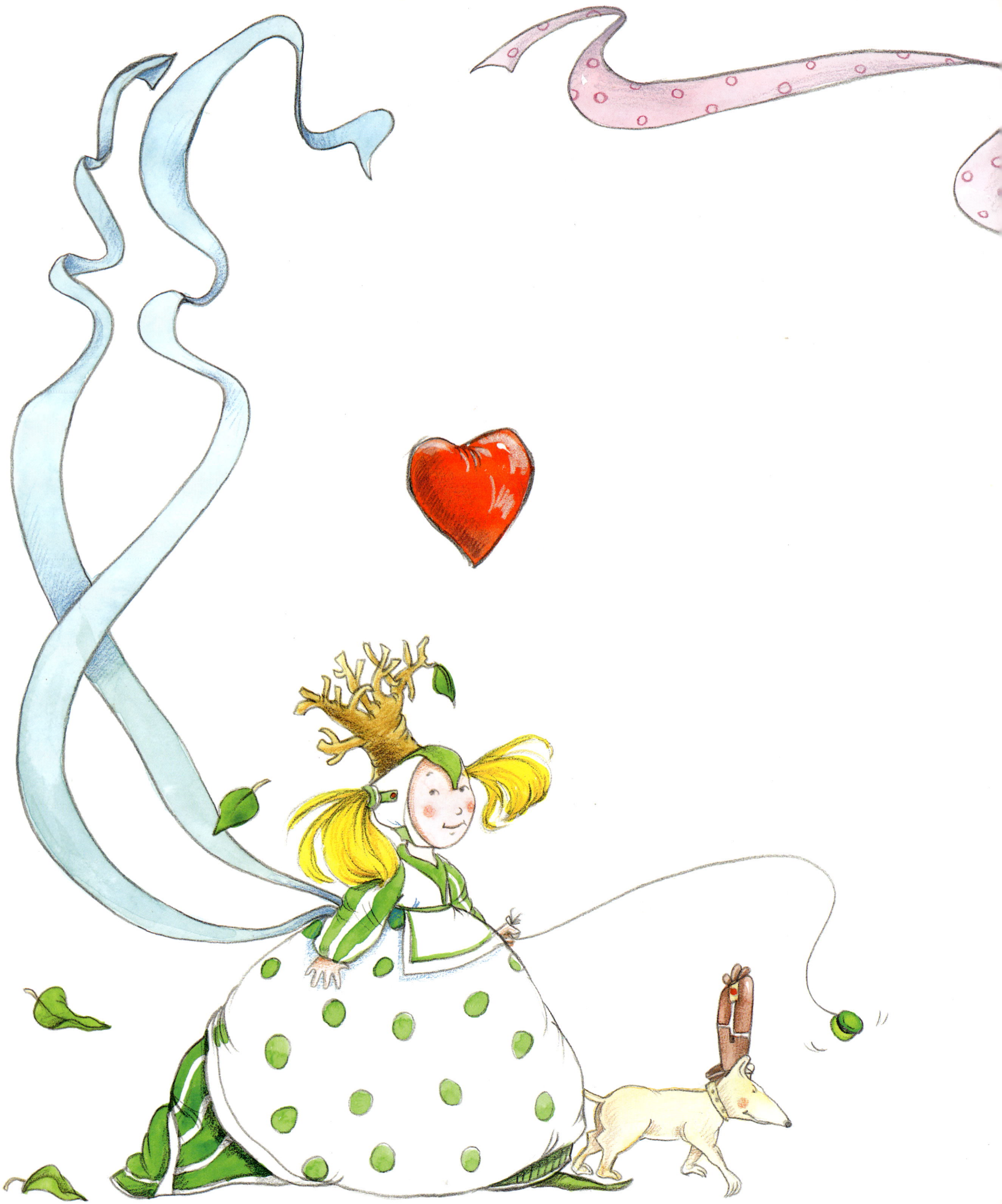

CANCIONES Y RITMOS

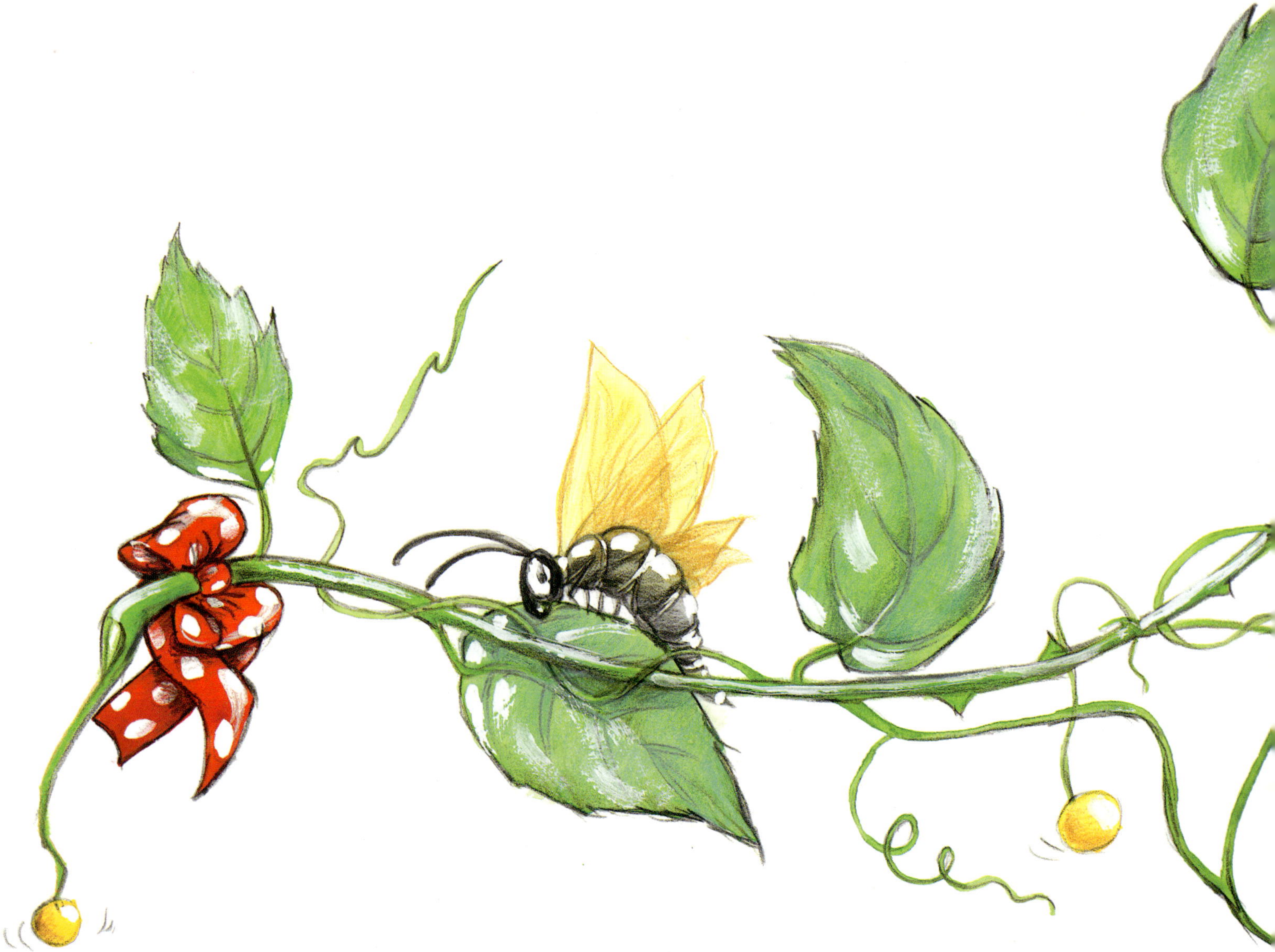

Memento
(Aire de llano)

La luna ya se ha muerto
  do-re-mi
la vamos a enterrar
  do-re-fa
en una rosa blanca
  do-re-mi
con tallo de cristal
  do-re-fa.

Bajó hasta la chopera
  do-re-mi
se enredó en el zarzal
  do-re-fa.
¡Me alegro porque era
  do-re-mi
presumida de más!
  do-re-fa.
No hubo para ella nunca
  do-re-mi
marido ni galán
  do-re-fa.

¡Acudid al entierro!
  do-re-mi
cantando el pío pa
  do-re-fa.
Se ha muerto la Mambruna
  do-re-mi
de la cara estelar
  do-re-fa.

¡Cómo se pondrá el cielo!
  do-re-mi.
¡Ay cómo se pondrá!
  do-re-fa
cuando llegue la noche
  do-re-mi
y no la vea en el mar
  do-re-fa.

¡Campanas de las torres
 do-re-mi
doblar que te doblar!
 do-re-fa.
Culebras de las fuentes
 do-re-mi
¡cantar que te cantar!
 do-re-fa.

Canción china en Europa

La señorita
del abanico,
va por el puente
del fresco río.

Los caballeros
con sus levitas,
miran el puente
sin barandillas.

La señorita
del abanico
y los volantes,
busca marido.

Los caballeros
están casados,
con altas rubias
de idioma blanco.

Los grillos cantan
por el Oeste.

(La señorita,
va por lo verde).

Los grillos cantan
bajo las flores.

(Los caballeros,
van por el Norte).

Cancioncilla sevillana

Amanecía,
en el naranjel.
Abejitas de oro
buscaban la miel.

¿Dónde estará
la miel?

Está en la flor azul,
Isabel.

En la flor,
del romero aquel.

(Sillita de oro
para el moro.
Silla de oropel
para su mujer).

Amanecía,
en el naranjel.

Canción tonta

Mamá.
Yo quiero ser de plata.

Hijo,
tendrás mucho frío.

Mamá.
Yo quiero ser de agua.

Hijo,
tendrás mucho frío.

Mamá.
Bórdame en tu almohada.

¡Eso sí!
¡Ahora mismo!

Tan, tan

Tan, tan.
¿Quién es?
El Otoño otra vez.
¿Qué quiere el Otoño?
El frescor de tu sien.
No te lo quiero dar.
Yo te lo quiero quitar.

Tan, tan.
¿Quién es?
El Otoño otra vez.

Balada amarilla

En lo alto de aquel monte
hay un arbolito verde.

*Pastor que vas,
pastor que vienes.*

Olivares soñolientos
bajan al llano caliente.

*Pastor que vas,
pastor que vienes.*

Ni ovejas blancas ni perro
ni cayado ni amor tienes.

Pastor que vas.

Como una sombra de oro
en el trigal te disuelves.

Pastor que vienes.

Agua, ¿dónde vas?

Agua, ¿dónde vas?

Riyendo voy por el río
a las orillas del mar.

Mar, ¿adónde vas?

Río arriba voy buscando
fuente donde descansar.

Chopo, y tú ¿qué harás?

No quiero decirte nada.
Yo... ¡temblar!

¿Qué deseo, qué no deseo,
por el río y por la mar?

(Cuatro pájaros sin rumbo
en el alto chopo están.)

La canción de la torre negra

Mi alma es una altísima
torre negra.
¡Niños, no sonriáis!
(Pero más alta es mi pena.)

Veinticuatro pájaros
anidan en ella
(de oro y de azabache).
Al pie crece la hierba.

Tiene una campanita
(¡lin lan lin!),
pero no suena
y es doctora de un viento
(¡quién lo dirá, pastora!)
que nunca se despierta.

Desde arriba domina
(mirador del amor)
la luna y la tormenta.
La torre llega al cielo
(¡pero más alta es mi pena!).

Sobre el tejado tiene
(¡niños, no sonriáis!)
el corazón de Ella.
Su corazón, ¡qué risa!,
convertido en veleta.

Pero mi torre alta...
(¡niños, llorad por mí!)
...¡no tiene escaleras!
No tiene...(corazón,
dilo, corazón)...
¡No tiene puerta!

Vals en las ramas

Cayó una hoja
y dos
y tres.
Por la luna nadaba un pez.
El agua duerme una hora
y el mar blanco duerme cien.

La dama
estaba muerta en la rama.
La monja
cantaba dentro de la toronja.
La niña
iba por el pino a la piña.
Y el pino
buscaba la plumilla del trino.
Pero el ruiseñor
lloraba sus heridas alrededor.

Y yo también
porque cayó una hoja
y dos
y tres.
Y una cabeza de cristal
y un violín de papel.
Y la nieve podría con el mundo
si la nieve durmiera un mes,
y las ramas luchaban con el mundo
una a una,
dos a dos,
y tres a tres.

¡Oh duro marfil de carnes invisibles!
¡Oh golfo sin hormigas del amanecer!

23

Con el muuu de las ramas,
con el ay de las damas,
con el croo de las ranas,
y el gloo amarillo de la miel.
Llegará un torso de sombra
coronado de laurel.
Será el cielo para el viento
duro como una pared
y las ramas desgajadas
se irán bailando con él.

Una a una
alrededor de la luna,
dos a dos
alrededor del sol,
y tres a tres
para que los marfiles se duerman bien.

Son de negros en Cuba

Cuando llegue la luna llena iré a Santiago de Cuba,
iré a Santiago,
en un coche de agua negra
iré a Santiago.
Cantarán los techos de palmera,
iré a Santiago.

Cuando la palma quiere ser cigüeña,
iré a Santiago
y cuando quiere ser medusa el plátano,
iré a Santiago.

Iré a Santiago
con la rubia cabeza de Fonseca.
Iré a Santiago.
Y con el rosa de Romeo y Julieta
iré a Santiago.
Mar de papel y plata de monedas.
Iré a Santiago.

¡Oh Cuba! ¡Oh ritmo de semillas secas!
Iré a Santiago.
¡Oh cintura caliente y gota de madera!
Iré a Santiago.
Arpa de troncos vivos. Caimán. Flor de tabaco.
Iré a Santiago.

Siempre he dicho que yo iría a Santiago
en un coche de agua negra.

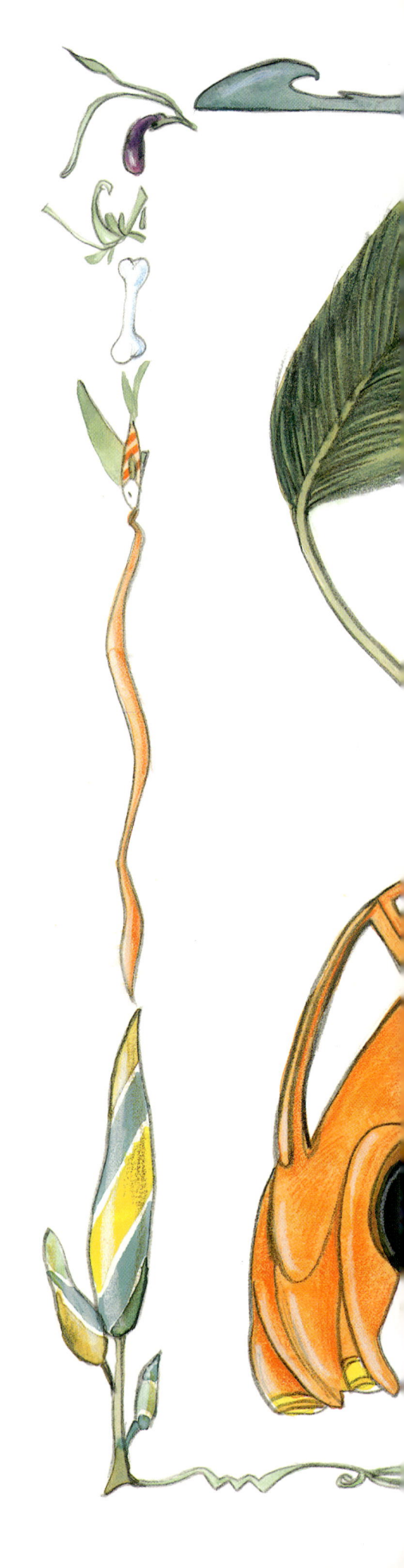

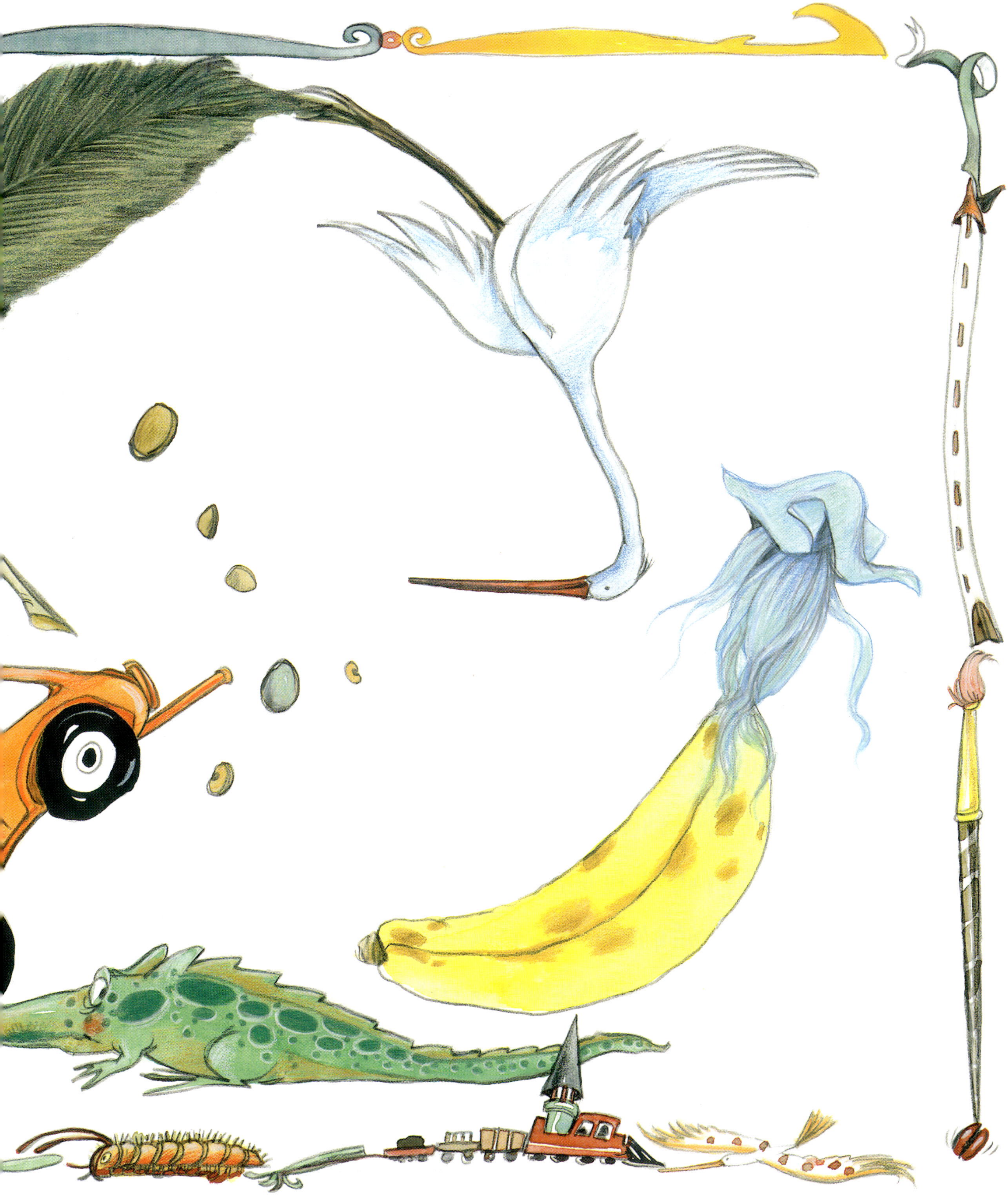

Iré a Santiago.
Brisa y alcohol en las ruedas,
iré a Santiago.
Mi coral en la tiniebla,
iré a Santiago.
El mar ahogado en la arena,
iré a Santiago.
Calor blanco, fruta muerta,
iré a Santiago.

¡Oh bovino frescor de cañavera!
¡Oh Cuba! ¡Oh curva de suspiro y barro!
Iré a Santiago.

La canción del cuco viejo

En el arca de Noé
canté.
Y en la fronda
de Matusalén.

Noé era un hombre bueno.
A Matusalén
le llegaba la barba
a los pies.

Lanzo mis silbidos
al cielo. Logré
que cayeran vacíos
otra vez.

Sobre la noche canto.
Cantaré
aunque estéis dormidos.
Cantaré
por todos los siglos
de los siglos. Amén.

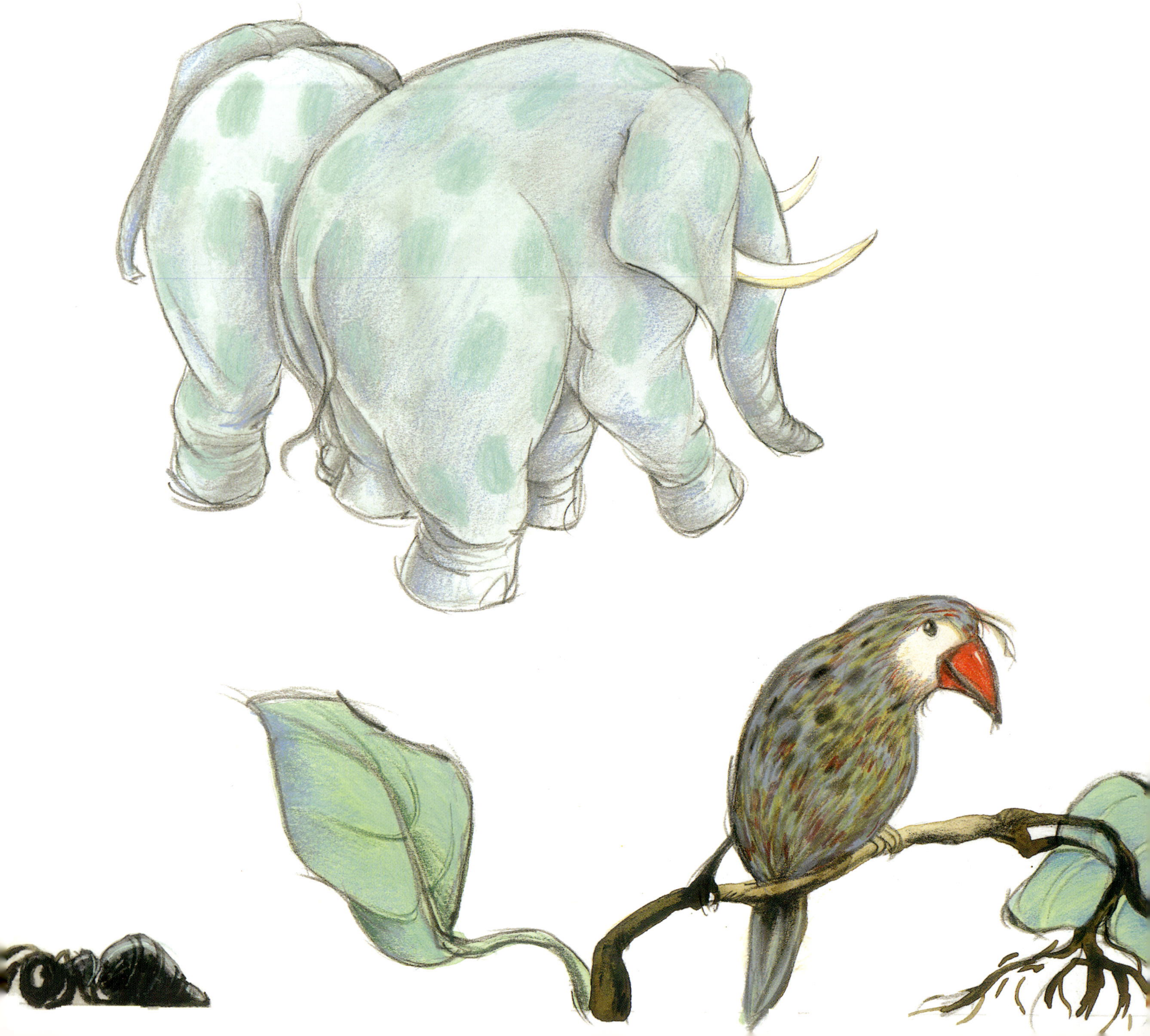

ALGUNOS ANIMALES

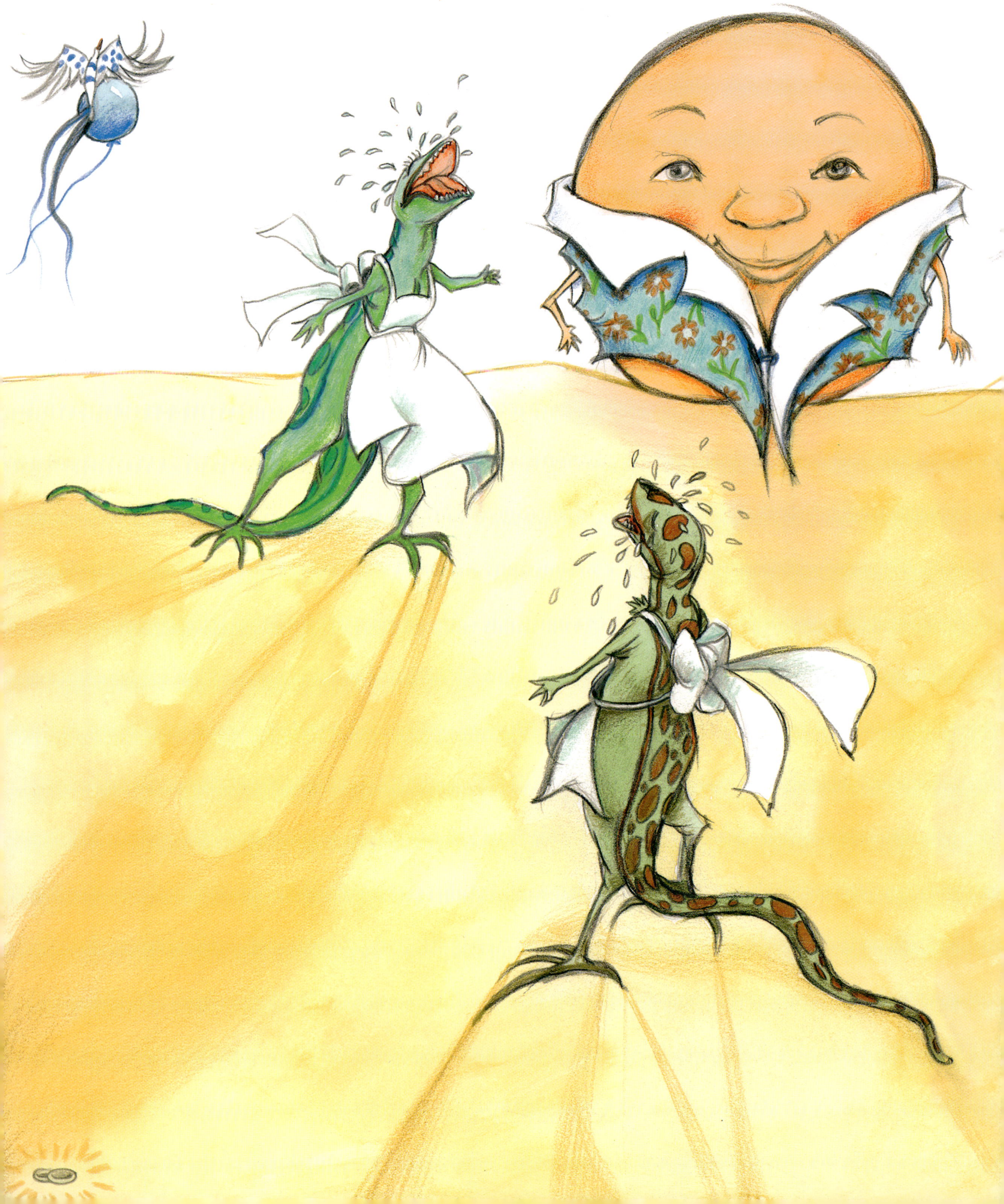

El lagarto está llorando

El lagarto está llorando.
La lagarta está llorando.

El lagarto y la lagarta
con delantaritos blancos.

Han perdido sin querer
su anillo de desposados.

¡Ay, su anillito de plomo,
ay, su anillito plomado!

Un cielo grande y sin gente
monta en su globo a los pájaros.

El sol, capitán redondo,
lleva un chaleco de raso.

¡Miradlos qué viejos son!
¡Qué viejos son los lagartos!

¡Ay cómo lloran y lloran,
¡ay! ¡ay! cómo están llorando!

Balada del caracol blanco

Caracoles blancos.

Los niños juegan
bajo los álamos.

El río viejecito
va muy despacio
sentándose en las sillas
verdes de los remansos.

Caracolitos chicos.
Caracoles blancos.

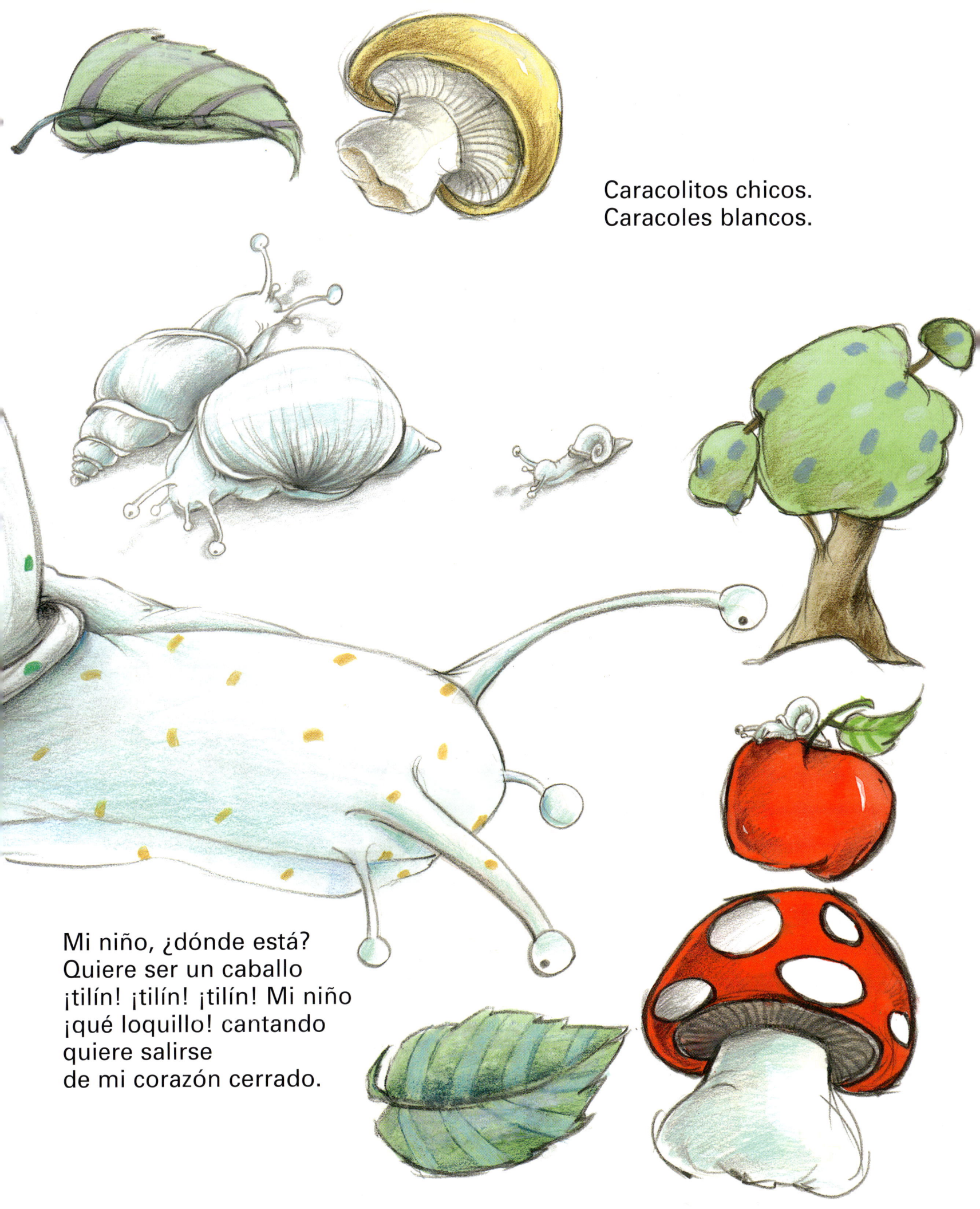

Mi niño, ¿dónde está?
Quiere ser un caballo
¡tilín! ¡tilín! ¡tilín! Mi niño
¡qué loquillo! cantando
quiere salirse
de mi corazón cerrado.

Balada del caracol negro

Caracoles negros.

Los niños sentados
escuchan un cuento.
El río traía
coronas de viento
y una gran serpiente
desde un tronco viejo
miraba las nubes
redondas del cielo.

Niño mío chico
¿dónde estás?
Te siento
en el corazón
y no es verdad. Lejos
esperas que yo saque
tu alma del silencio.
Caracoles grandes.
Caracoles negros.

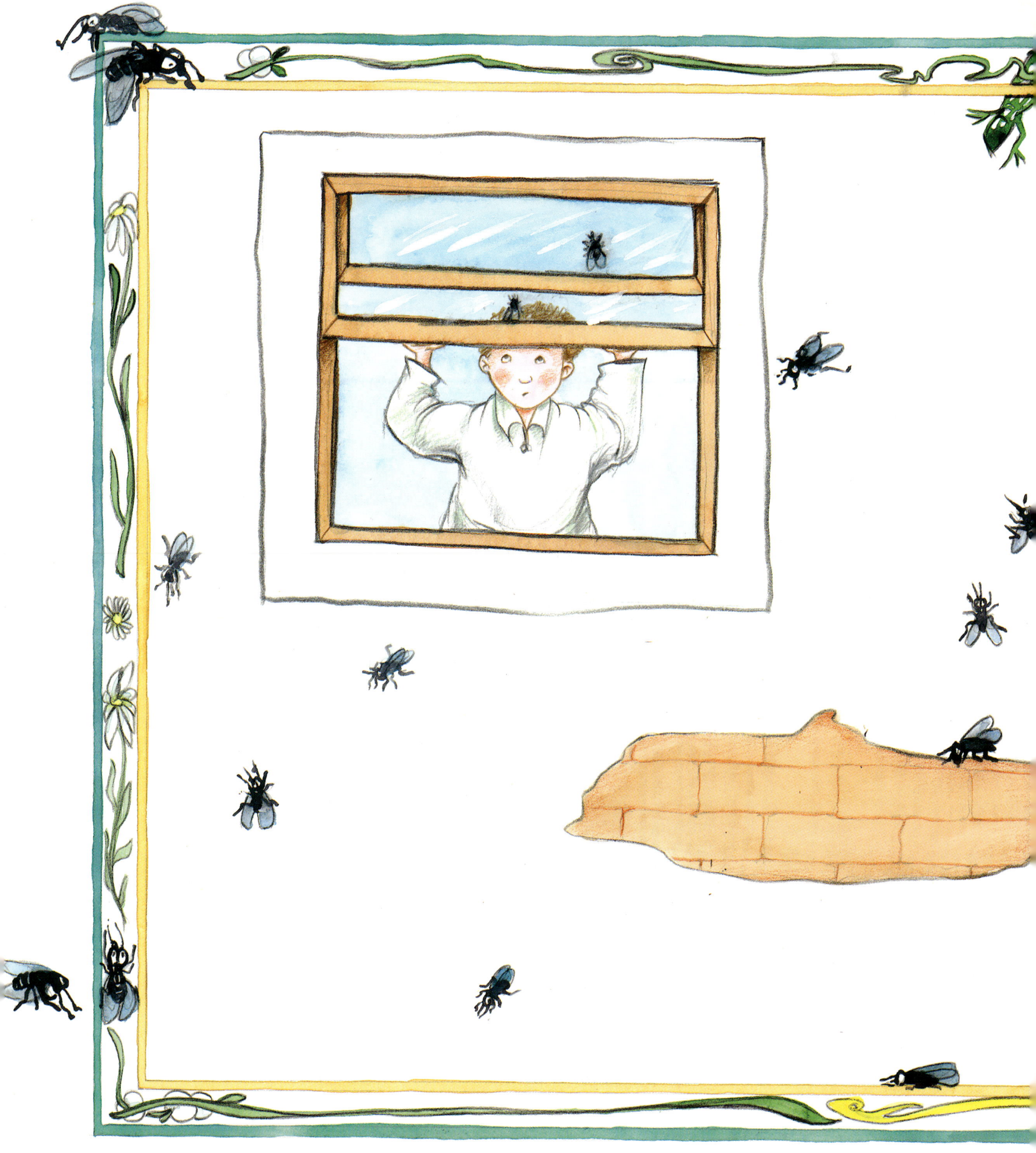

Mosca

rriiiiiiiiiiiiii

(Revolotea fuera
de la ventana.)

Yo pienso en las gentes
que llaman.
Y levanto el cristal.

rriiiiiiiiiiiiii

(Revolotea dentro
de la ventana.)

Yo pienso en las gentes
encadenadas.
Y la dejo escapar.

rriiiiiiiiiiiiii

(Desesperada
golpea otra vez por fuera
los iris de la ventana.)

rriiiiiiiiiiiiii

Margarita, tu tierno
corazoncillo araña
el cristal esmerilado
de mi alma.

rriiiiiiiiiiiiii

¡Cigarra!

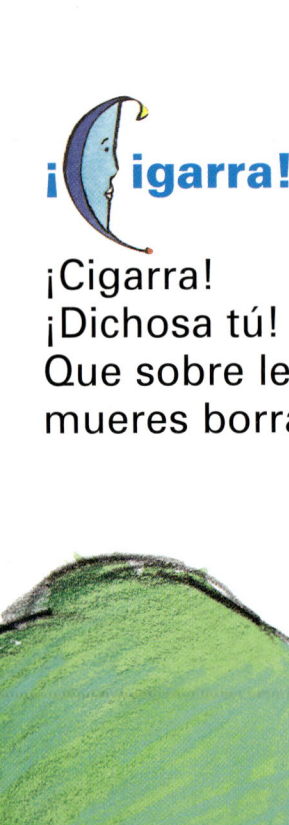

¡Cigarra!
¡Dichosa tú!
Que sobre lecho de tierra
mueres borracha de luz.

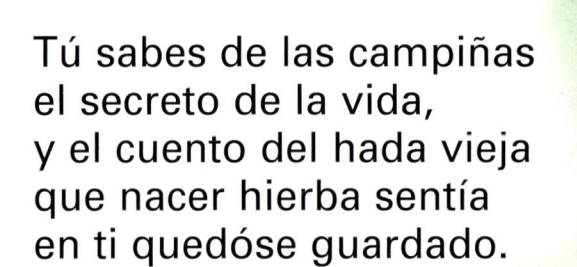

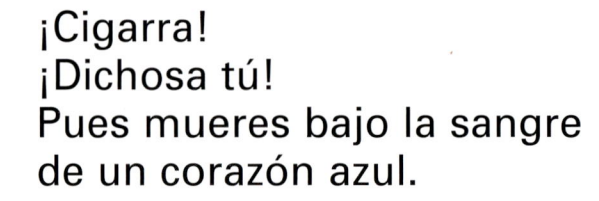

Tú sabes de las campiñas
el secreto de la vida,
y el cuento del hada vieja
que nacer hierba sentía
en ti quedóse guardado.

¡Cigarra!
¡Dichosa tú!
Pues mueres bajo la sangre
de un corazón azul.

La luz es Dios que desciende
y el sol
brecha por donde se filtra.

¡Cigarra!
¡Dichosa tú!
Pues sientes en la agonía
todo el peso del azul.

Media luna

La luna va por el agua.
¿Cómo está el cielo tranquilo?
Va segando lentamente
el temblor viejo del río
mientras una rana joven
la toma por espejito.

Canción menor
(fragmento)

Tienen gotas de rocío
las alas del ruiseñor,
gotas claras de la luna
cuajadas por su ilusión.

El lagarto viejo
(fragmento)

En la agostada senda
he visto al buen lagarto
(gota de cocodrilo)
meditando.

Con su verde levita
de abate del diablo,
su talante correcto
y su cuello planchado,
tiene un aire muy triste
de viejo catedrático.

¡Esos ojos marchitos
de artista fracasado
cómo miran la tarde
desmayada!

¿Es este su paseo
crepuscular, amigo?
Usad bastón, ya estáis
muy viejo, Don Lagarto,
y los niños del pueblo
pueden daros un susto.

¿Qué buscáis en la senda,
filósofo cegato,
si el fantasma indeciso
de la tarde agosteña
ha roto el horizonte?

(Miras al sol poniente,
y tus ojos relucen,
¡oh, dragón de las ranas!,
con un fulgor humano.
Las góndolas sin remos
de las ideas, cruzan
el agua tenebrosa
de tus iris quemados).

¡Volved a vuestra casa
bajo el pueblo de grillos!
¡Buenas noches, amigo
Don Lagarto!

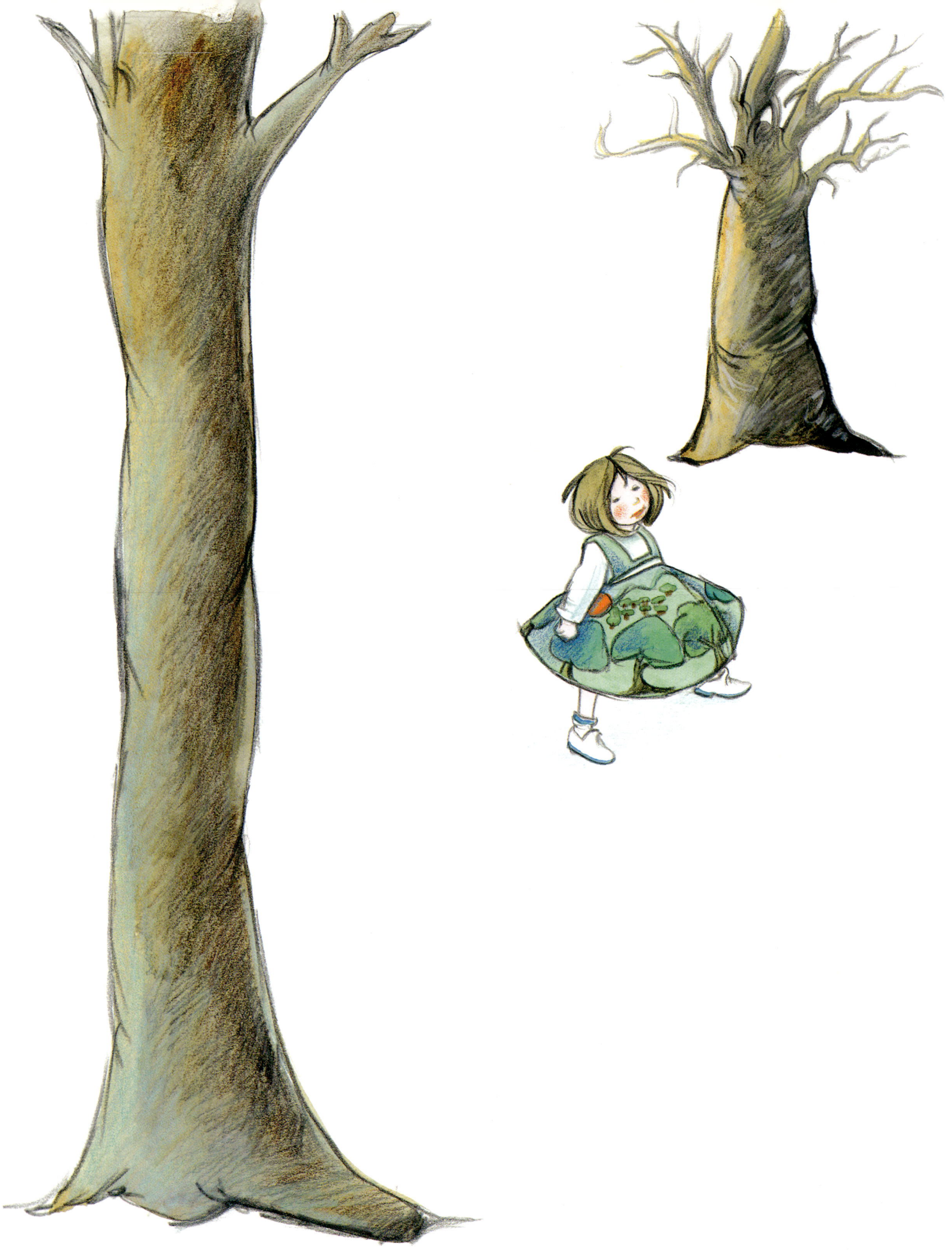

NATURALEZA Y PAISAJES

Sol

¡Sol!
¿Quién te llamó sol?

A nadie le extrañaría,
digo yo,
ver en el cielo tres letras
en vez de tu cara
de oro.

Estampas del mar

El mar
quiere levantar
su tapa.

Gigantes de coral
empujan
con sus espaldas.

Y en las cuevas de oro
las sirenas ensayan
una canción que duerma
al agua.

¿Veis las fauces
y las escamas?

Ante el mar
tomad vuestras lanzas.

Historieta del viento

El viento venía rojo
por el collado encendido
y se ha puesto verde, verde
por el río.

Luego se pondrá violeta,
amarillo y...
será sobre los sembrados
un arco iris tendido.

Árboles

¡Árboles!
¿Habéis sido flechas
caídas del azul?
¿Qué terribles guerreros os lanzaron?
¿Han sido las estrellas?

Vuestras músicas vienen del alma de los pájaros,
de los ojos de Dios,
de la pasión perfecta.
¡Árboles!
¿Conocerán vuestras raíces toscas
mi corazón en tierra?

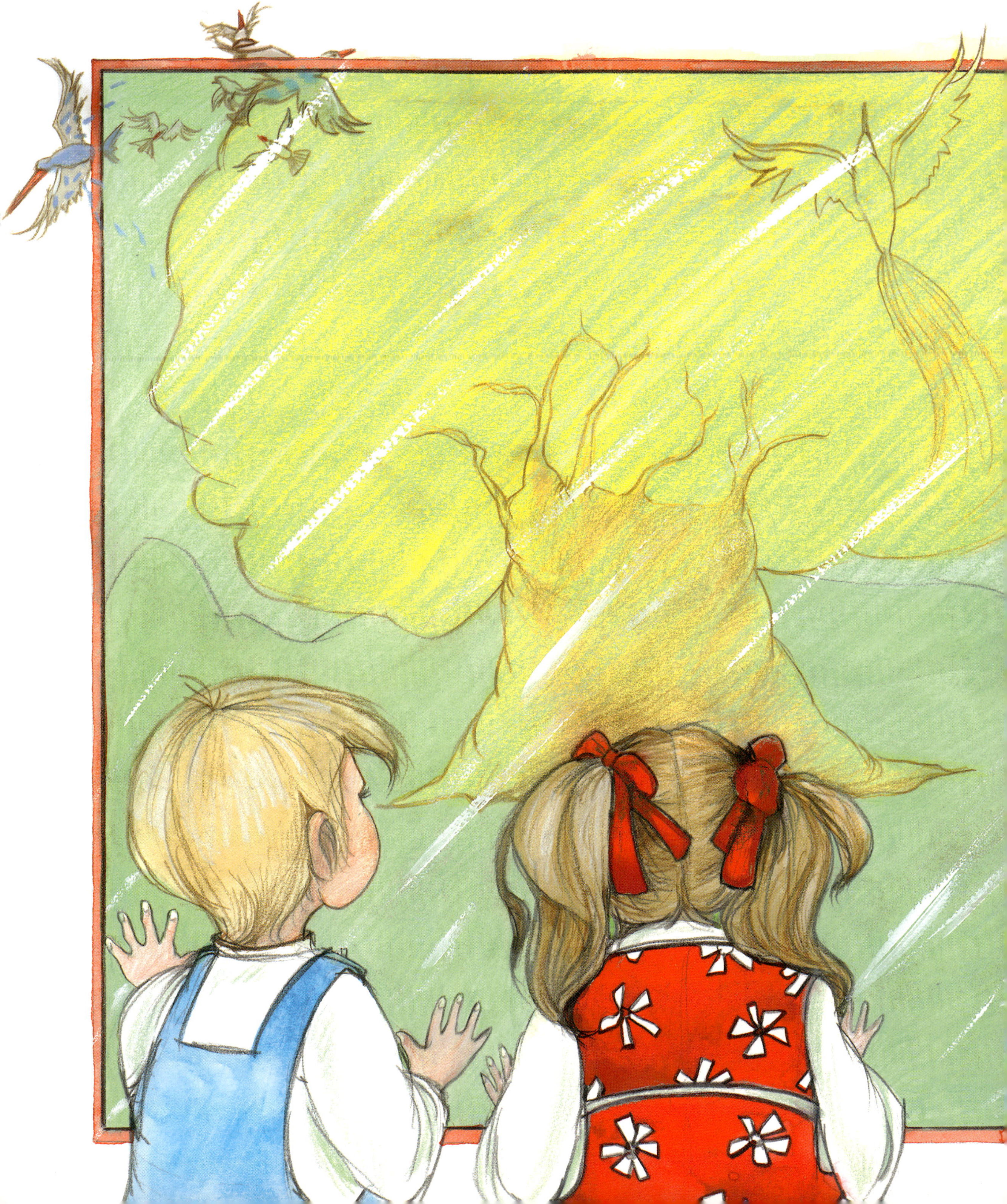

Paisaje

La tarde equivocada
se vistió de frío.

Detrás de los cristales
turbios, todos los niños,
ven convertirse en pájaros
un árbol amarillo.

La tarde está tendida
a lo largo del río.
Y un rubor de manzana
tiembla en los tejadillos.

Campo

El cielo es de ceniza.
Los árboles son blancos,
y son negros carbones
los rastrojos quemados.

Tiene sangre reseca
la herida del Ocaso,
y el papel incoloro
del monte, está arrugado.

El polvo del camino
se esconde en los
barrancos.
Están las fuentes turbias
y quietos los remansos.

Suena en un gris rojizo
la esquila del rebaño,
y la noria materna
acabó su rosario.

El cielo es de ceniza.
Los árboles son blancos.

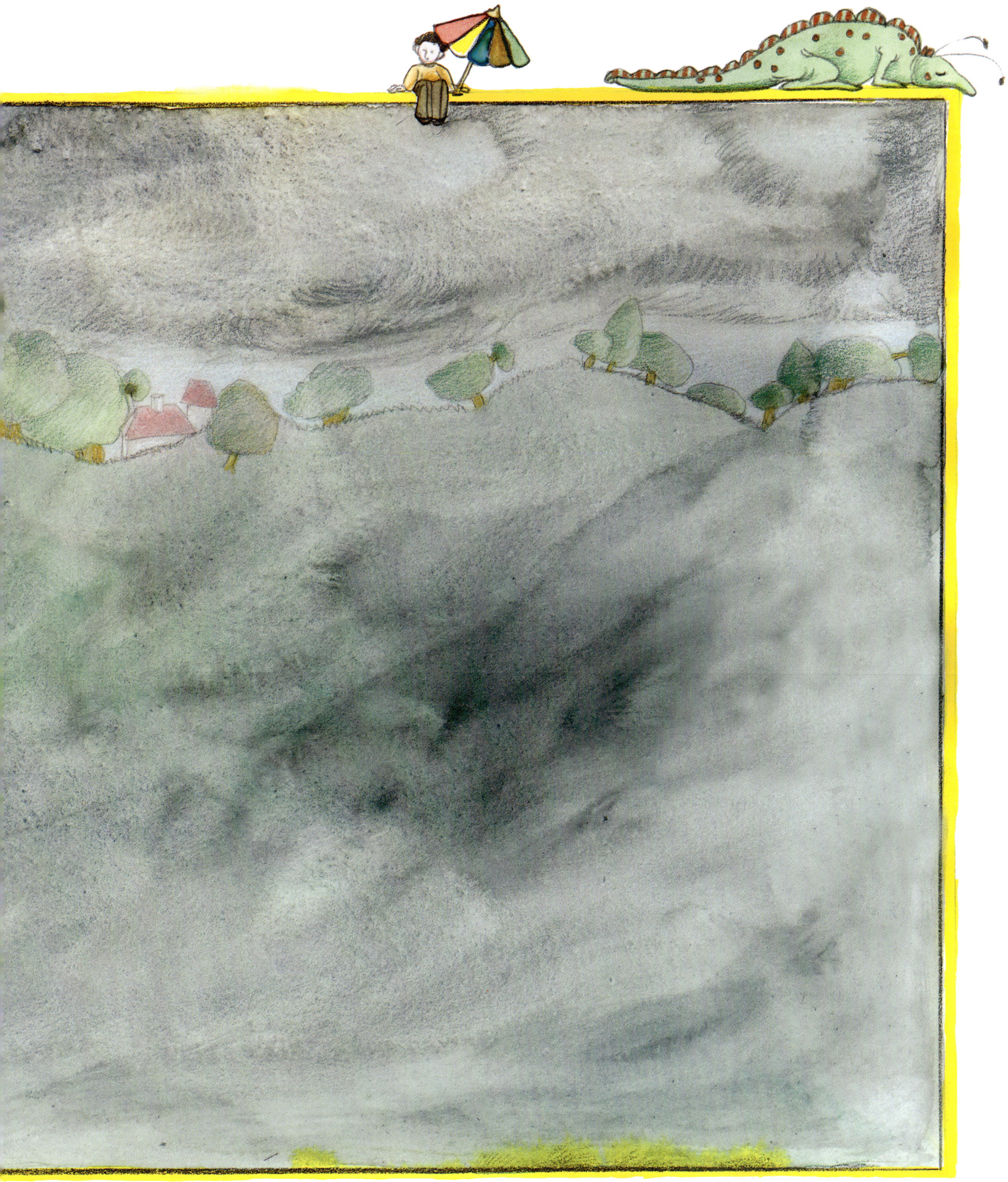

¡Adiós, sol!

¡Adiós, sol!

Bien sé que eres la luna,
pero yo
no lo diré a nadie,
sol.

Te ocultas
detrás del telón
y disfrazas tu rostro
con polvos de arroz.

De día, la guitarra
del labrador;
de noche, la mandolina
de Pierrot.

¡Qué más da!
Tu ilusión
es crear el jardín
multicolor.
¡Adiós, sol!

No olvides lo que te
ama
el caracol,
la viejecilla
del balcón,
y yo...
que juego al trompo con mi...
corazón.

Puesta de canción

Después de todo

(la luna
abre su cola
de oro)

...Nada...

(la luna
cierra su cola
de plata).

Lejos una estrella
hiere al pavo real
del cielo.

Nieve

Las estrellas
se están desnudando.
Camisas de estrellas
caen sobre el campo.

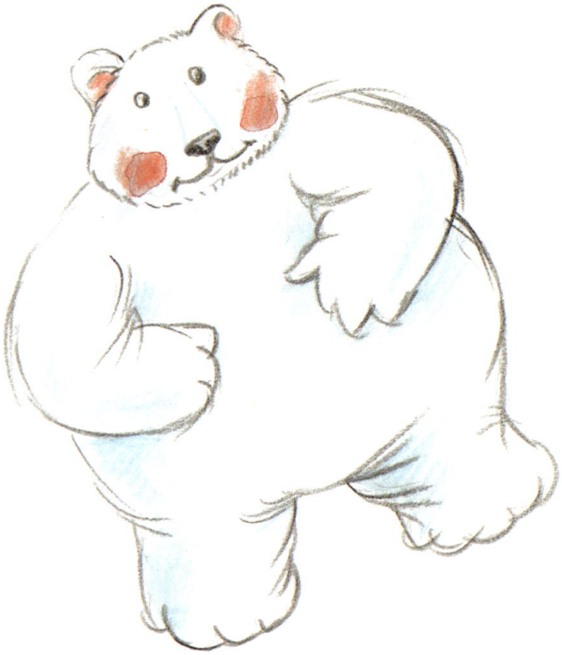
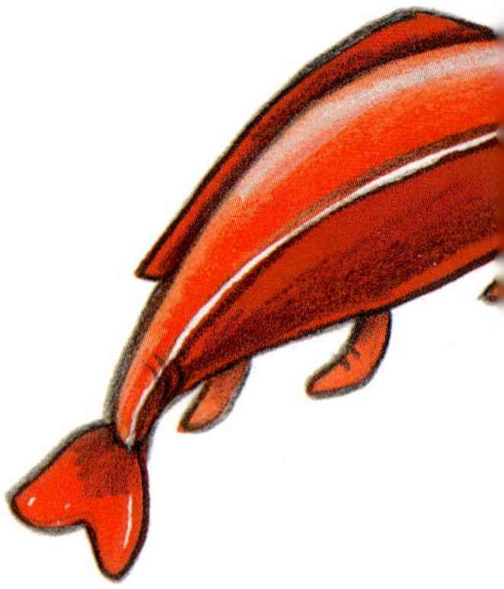
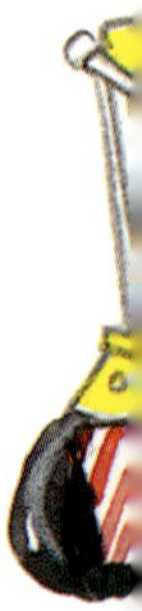
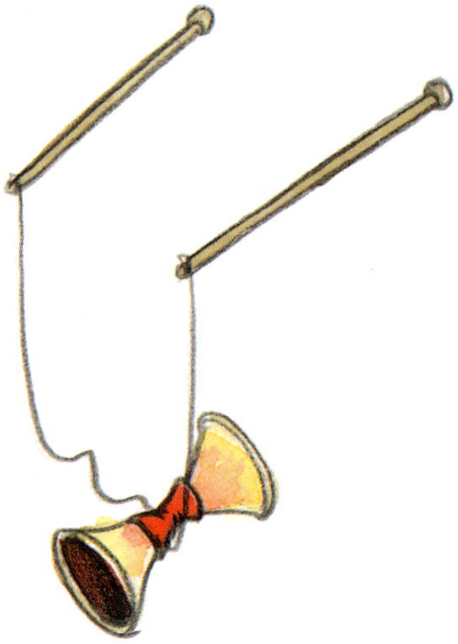
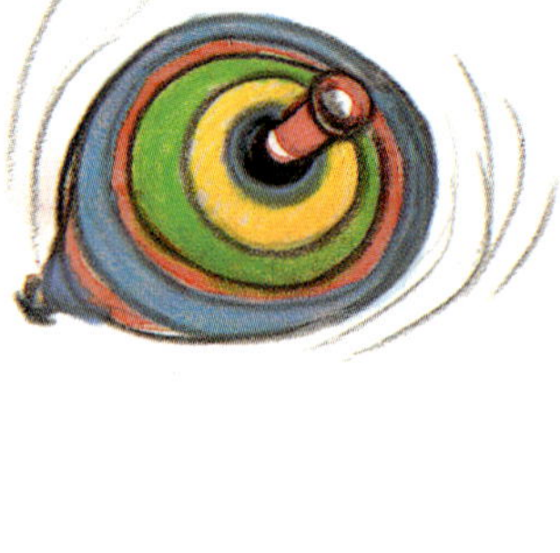
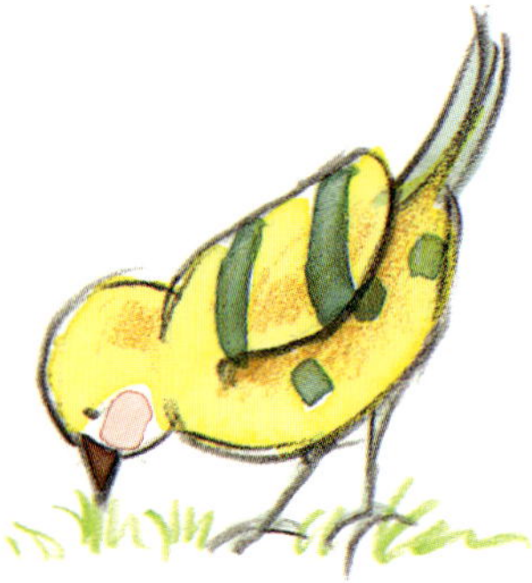

INFANCIAS Y JUEGOS

Adivinanza

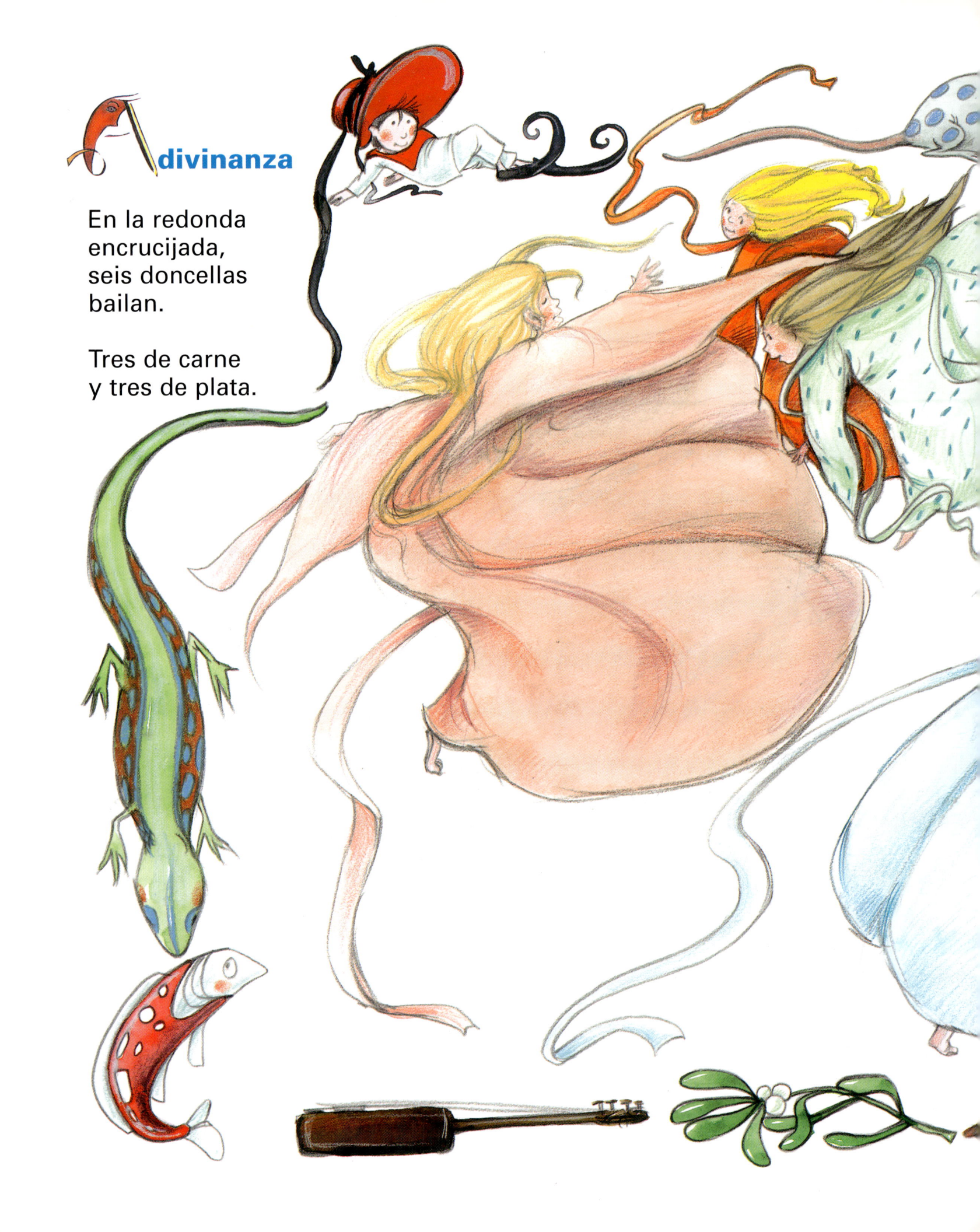

En la redonda
encrucijada,
seis doncellas
bailan.

Tres de carne
y tres de plata.

Los sueños de ayer las buscan
pero las tiene abrazadas,
un Polifemo de oro.

(¡La guitarra!)

furesma a José Bergamín

María la lo-ca
tenía una to-ca
de lana se-ca
para tu bo-ca.

Mi niña se fue a la mar

Mi niña se fue a la mar,
a contar olas y chinas,
pero se encontró, de pronto,
con el río de Sevilla.

Entre adelfas y campanas
cinco barcos se mecían,
con los remos en el agua
y las velas en la brisa.

¿Quién mira dentro la torre
enjaezada, de Sevilla?
Cinco voces contestaban
redondas como sortijas.

El cielo monta gallardo
al río, de orilla a orilla.
En el aire sonrosado,
cinco anillos se mecían.

Ráfaga

Pasaba mi niña,
¡qué bonita iba!,
con su vestidito
de muselina
y una mariposa
prendida.

¡Síguela, muchacho,
la vereda arriba!
Y si ves que llora
o medita,
píntale el corazón
con purpurina
y dile que no llore
si queda solita.

Caracola

Me han traído una caracola.

Dentro le canta
un mar de mapa.
Mi corazón
se llena de agua
con pececillos
de sombra y plata.

Me han traído una caracola.

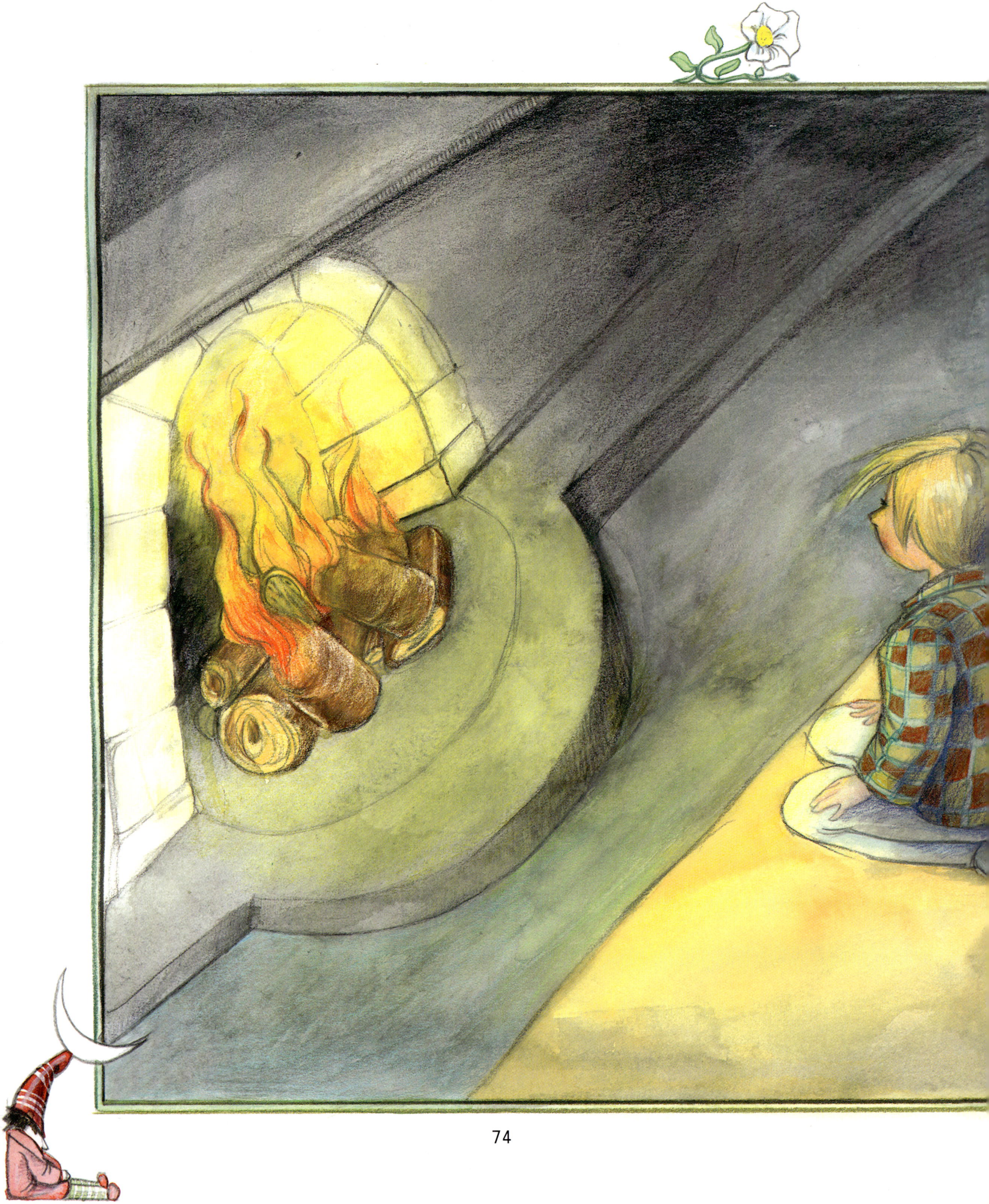

Estampilla y juguete

El relojito de dulce
se me deshace en la lumbre.

Reloj que me señalaba
una constante mañana.

Azúcar, rosa y papel...
(¡Dios mío, todo mi ayer!)

En la cresta de la llama.
(¡Señor, todo mi mañana!)

Tiovivo

Los días de fiesta
van sobre ruedas.
El tiovivo los trae,
y los lleva.

Corpus azul.
Blanca Nochebuena.

Los días, abandonan
su piel, como las culebras,
con la sola excepción
de los días de fiesta.

Estos son los mismos
de nuestras madres viejas.
Sus tardes son largas colas
de moaré y lentejuelas.

Corpus azul.
Blanca Nochebuena.

El tiovivo gira
colgado de una estrella.
Tulipán de las cinco
partes de la tierra.

Sobre los caballitos
disfrazados de panteras
los niños se comen la luna
como si fuera una cereza.

¡Rabia, rabia, Marco Polo!
Sobre una fantástica rueda,
los niños ven lontananzas
desconocidas de la tierra.

Corpus azul.
Blanca Nochebuena.

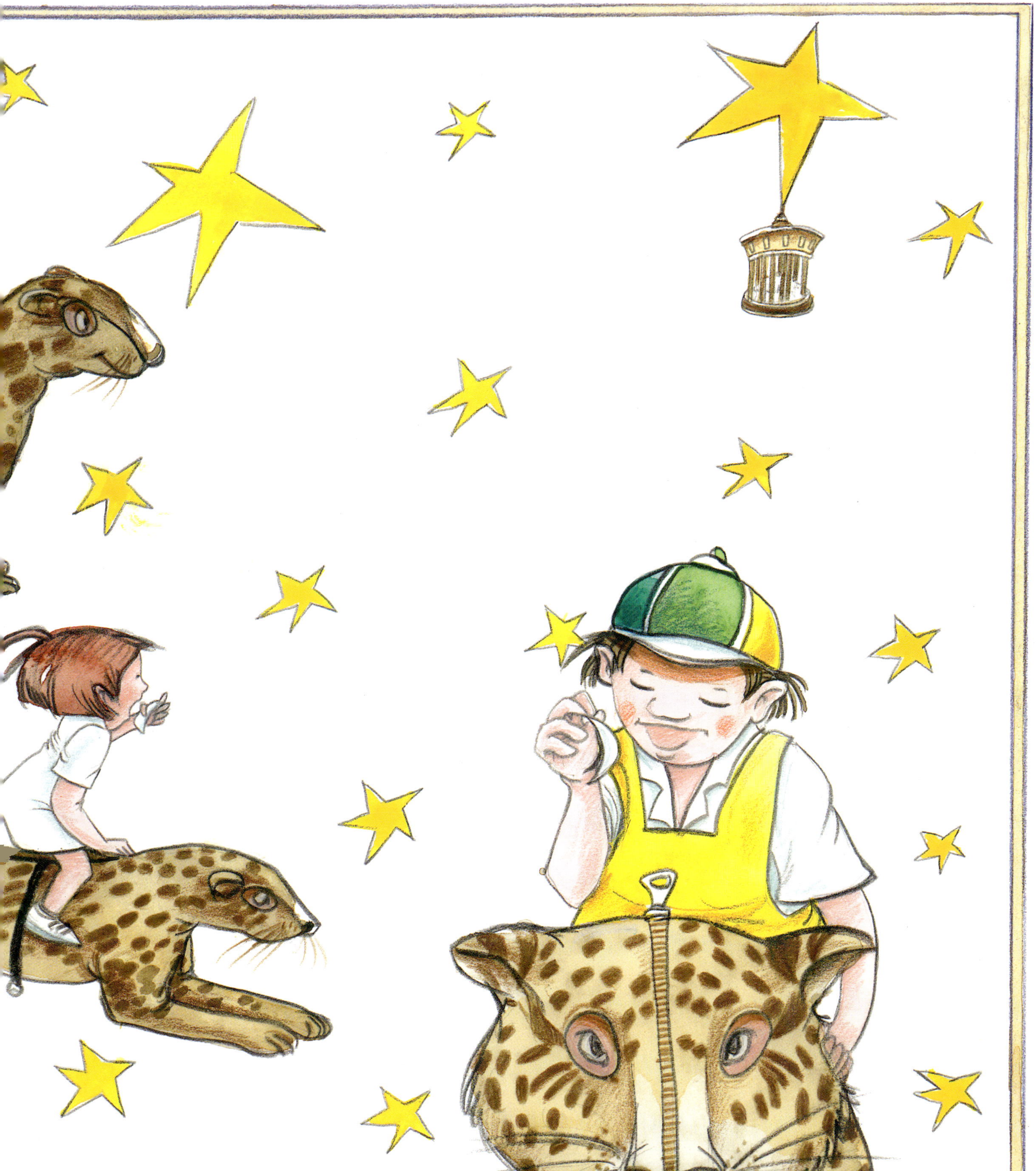

Balada de la placeta

Cantan los niños
en la noche quieta:
¡Arroyo claro,
fuente serena!

Los niños

¿Qué tiene tu divino
corazón de fiesta?

Yo

Un doblar de campanas
perdidas en la niebla.

Los niños

Ya nos dejas cantando
en la plazuela.
¡Arroyo claro,
fuente serena!

¿Qué tienes en tus
manos
de primavera?

Yo

Una rosa de sangre
y una azucena.

Los niños

Mójalas en el agua
de la canción añeja.
¡Arroyo claro,
fuente serena!

¿Qué sientes en tu boca
roja y sedienta?

Yo

El sabor de los huesos
de mi gran calavera.

Los niños

Bebe el agua tranquila
de la canción añeja.
¡Arroyo claro,
fuente serena!

¿Por qué te vas tan lejos
de la plazuela?

Yo

¡Voy en busca de magos
y de princesas!

Los niños

¿Quién te enseñó el camino
de los poetas?

Yo

La fuente y el arroyo
de la canción añeja.

Los niños

¿Te vas lejos, muy lejos
del mar y de la tierra?

Yo

Se ha llenado de luces
mi corazón de seda,
de campanas perdidas,
de lirios y de abejas.
Y yo me iré muy lejos,
más allá de las sierras,
más allá de los mares,
cerca de las estrellas,
para pedirle a Cristo
Señor que me devuelva
mi alma antigua de niño,
madura de leyendas,
con el gorro de plumas
y el sable de madera.

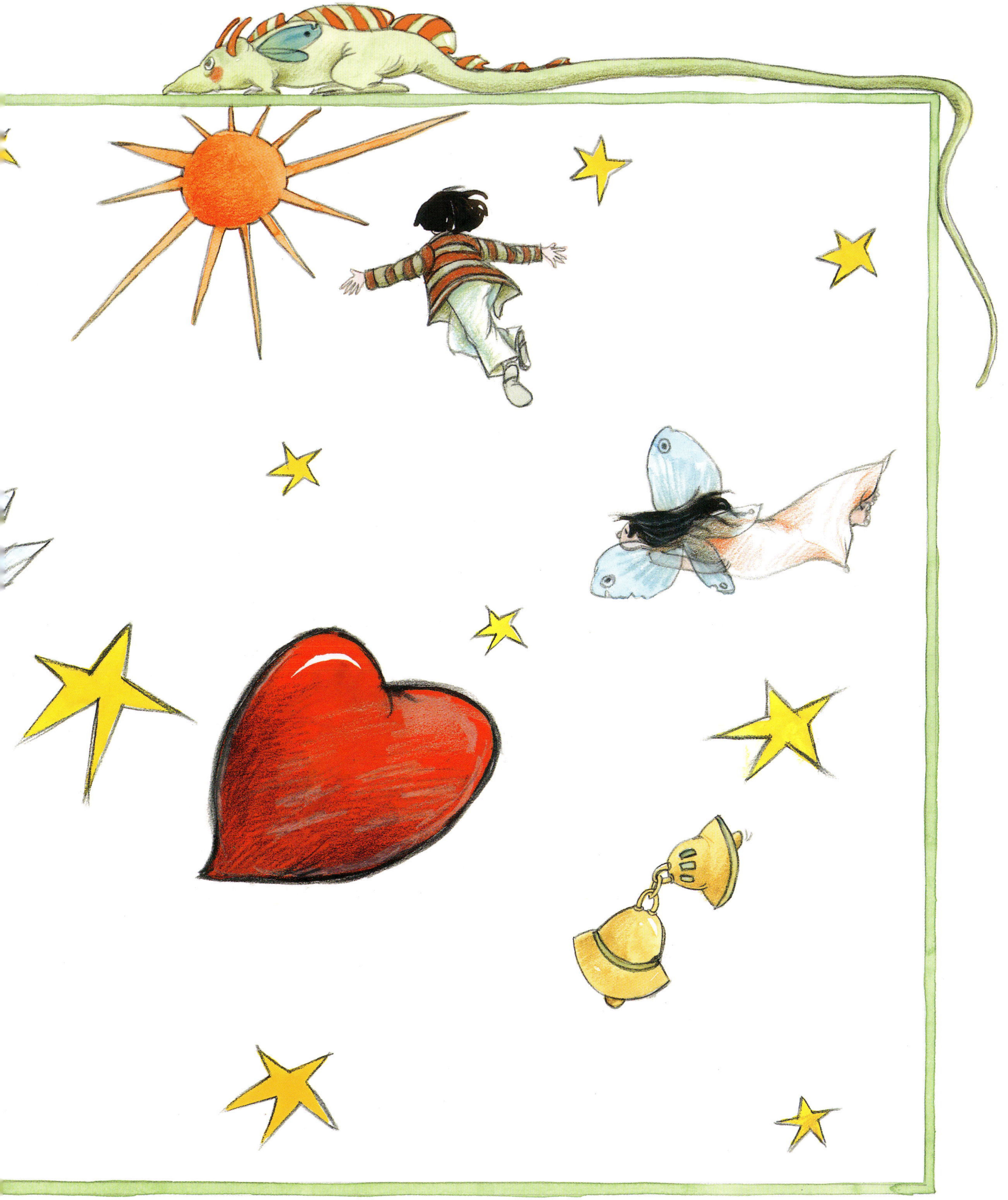

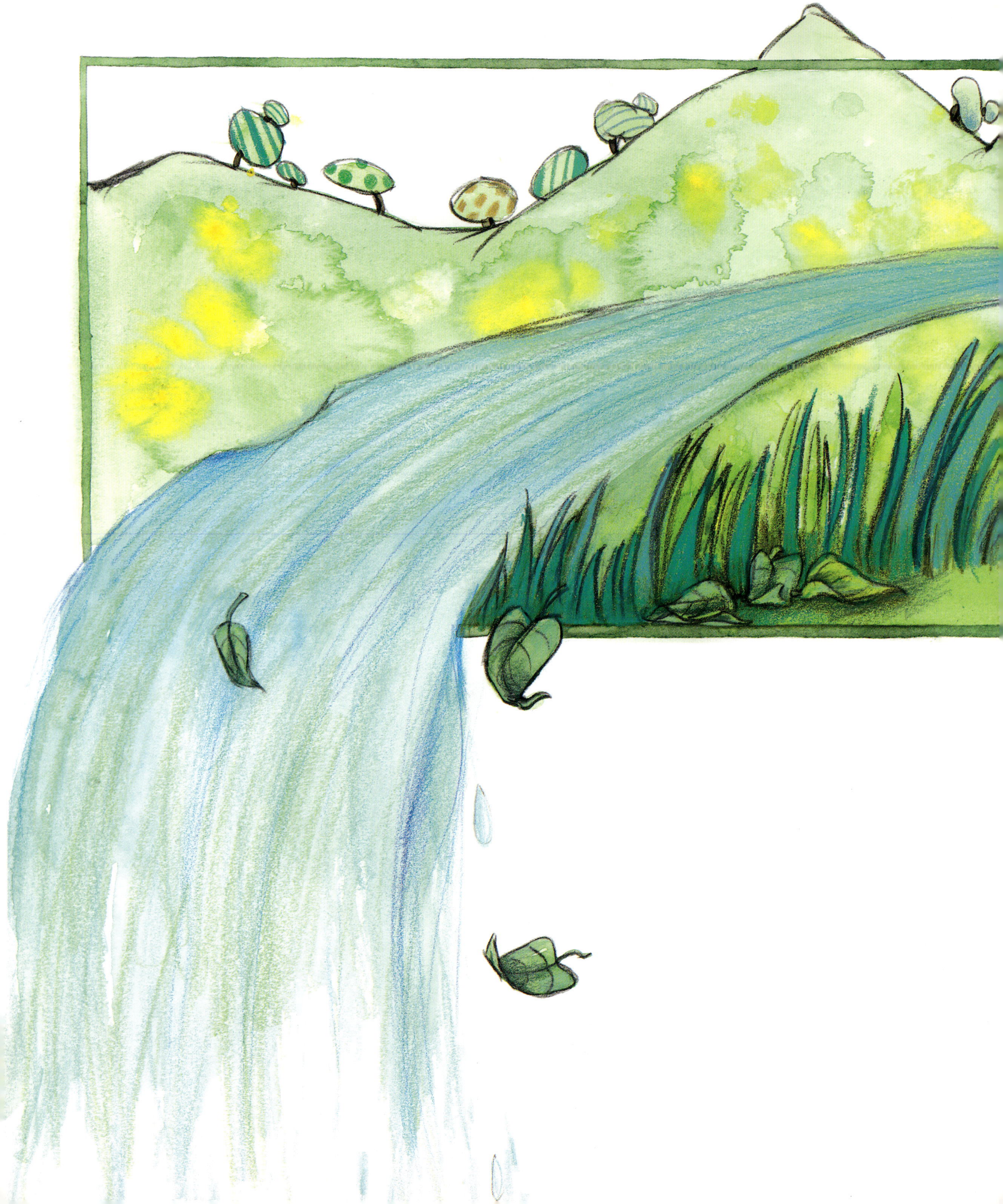

Los niños

Ya nos dejas cantando
en la plazuela.
¡Arroyo claro,
fuente serena!

Las pupilas enormes
de las frondas resecas,
heridas por el viento,
lloran las hojas muertas.

BALADAS Y AMORES

Adelina de paseo

La mar no tiene naranjas,
ni Sevilla tiene amor.
Morena, qué luz de fuego.
Préstame tu quitasol.

Me pondrá la cara verde
—zumo de lima y limón—.
Tus palabras —pececillos—
nadarán alrededor.

La mar no tiene naranjas.
Ay amor.
¡Ni Sevilla tiene amor!

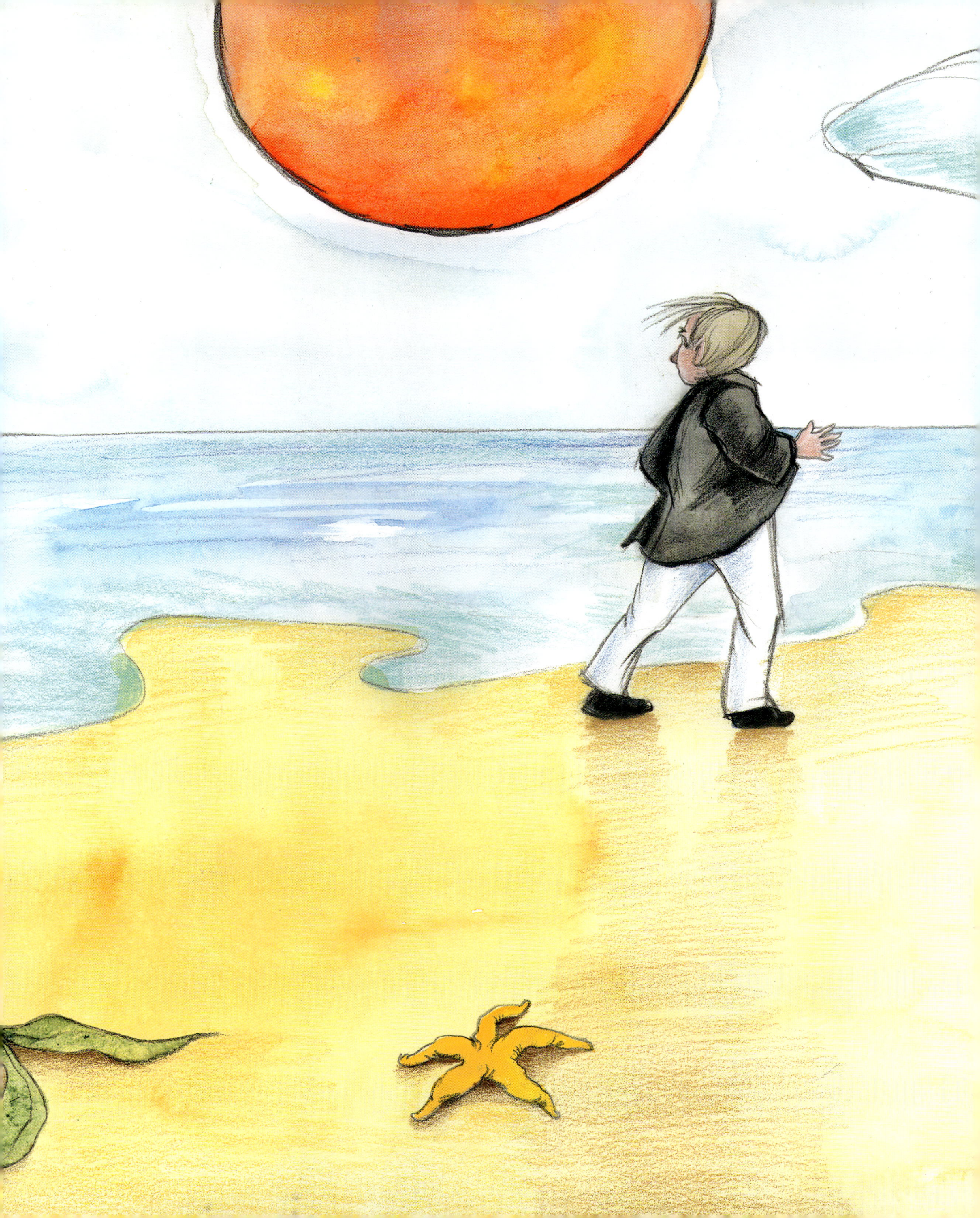

Arbolé

Arbolé arbolé
seco y verdé.

La niña del bello rostro
está cogiendo aceituna.
El viento, galán de torres,
la prende por la cintura.

Pasaron cuatro jinetes,
sobre jacas andaluzas
con trajes de azul y verde,
con largas capas oscuras.

«Vente a Córdoba, muchacha.»
La niña no los escucha.

Pasaron tres torerillos
delgaditos de cintura,
con trajes color naranja
y espadas de plata antigua.

«Vente a Sevilla, muchacha.»
La niña no los escucha.

Cuando la tarde se puso
morada, con luz difusa,
pasó un joven que llevaba
rosas y mirtos de luna.

«Vente a Granada, muchacha.»
Y la niña no lo escucha.

La niña del bello rostro
sigue cogiendo aceituna,
con el brazo gris del viento
ceñido por la cintura.

Arbolé, arbolé
seco y verdé.

99

Balada interior

El corazón
que tenía en la escuela
donde estuvo pintada
la cartilla primera,
¿está en ti,
noche negra?

(Frío, frío,
como el agua
del río.)

El primer beso
que supo a beso y fue
para mis labios niños
como la lluvia fresca,
¿está en ti,
noche negra?

(Frío, frío,
como el agua
del río.)

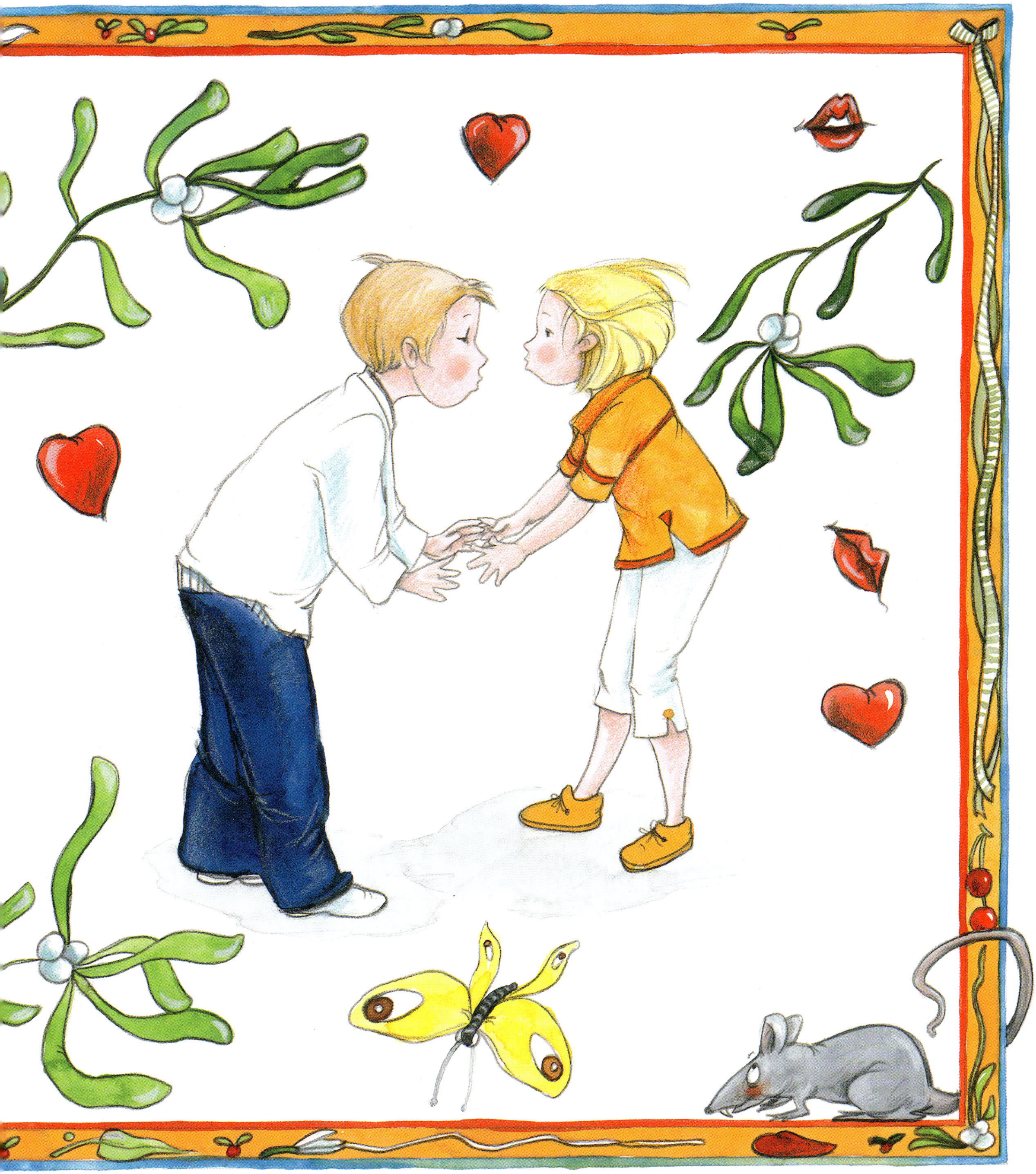

Mi primer verso,
la niña de las trenzas
que miraba de frente,
¿está en ti,
noche negra?

(Frío, frío,
como el agua
del río.)

Pero mi corazón
roído de culebras,
el que estuvo colgado
del árbol de la ciencia,
¿está en ti,
noche negra?

(Caliente, caliente,
como el agua
de la fuente.)

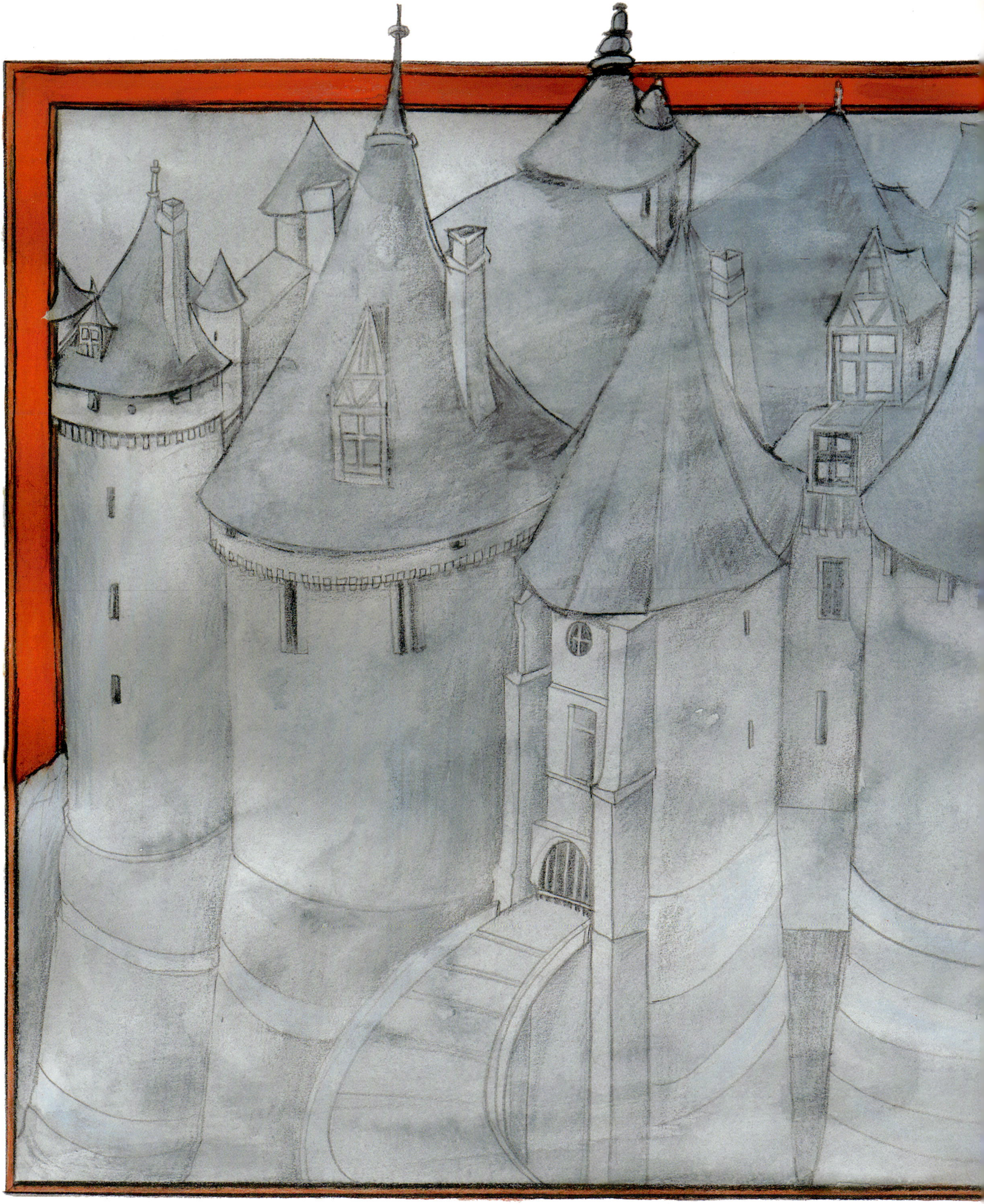

Mi amor errante,
castillo sin firmeza,
de sombras enmohecidas,
¿está en ti,
noche negra?

(Caliente, caliente,
como el agua
de la fuente.)

¡Oh, gran dolor!
Admites en tu cueva
nada más que la sombra.
¿Es cierto,
noche negra?

(Caliente, caliente,
como el agua
de la fuente.)

¡Oh, corazón perdido!
¡Requiem aeternam!

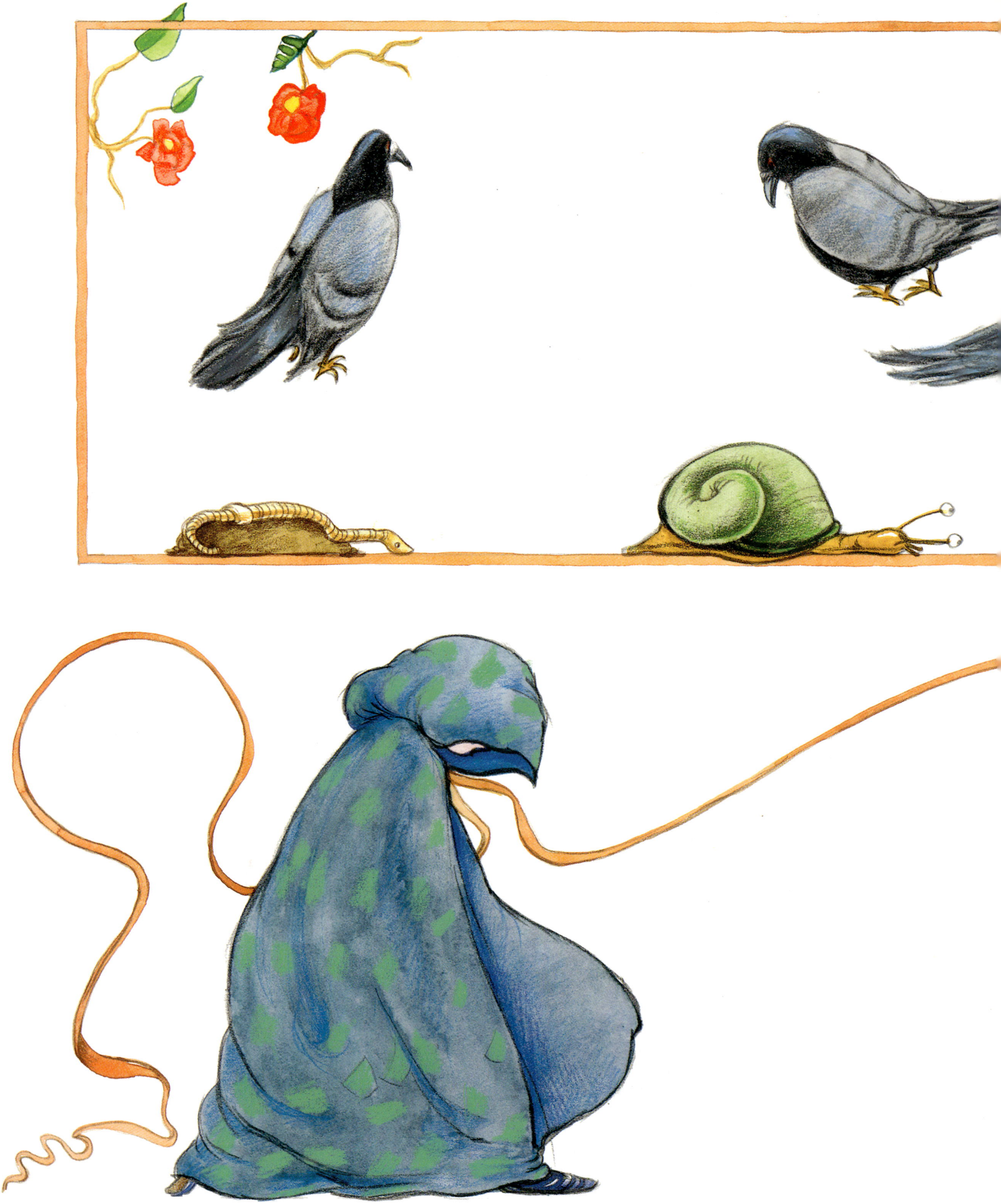

Margarita

Si me voy, te quiero más.
Si no me quedo, igual te quiero.

Tu corazón es mi casa
y mi corazón tu huerto.

Yo tengo cuatro palomas,
cuatro palomas tengo.

Mi corazón es tu casa
¡y tu corazón mi huerto!

Estampa del cielo

Las estrellas
no tienen novio.

¡Tan bonitas
como son las estrellas!

Aguardan un galán
que las remonte
a su ideal Venecia.

Todas las noches salen a las rejas
—¡oh cielo de mil pisos!—
y hacen líricas señas
a los mares de sombra
que las rodean.

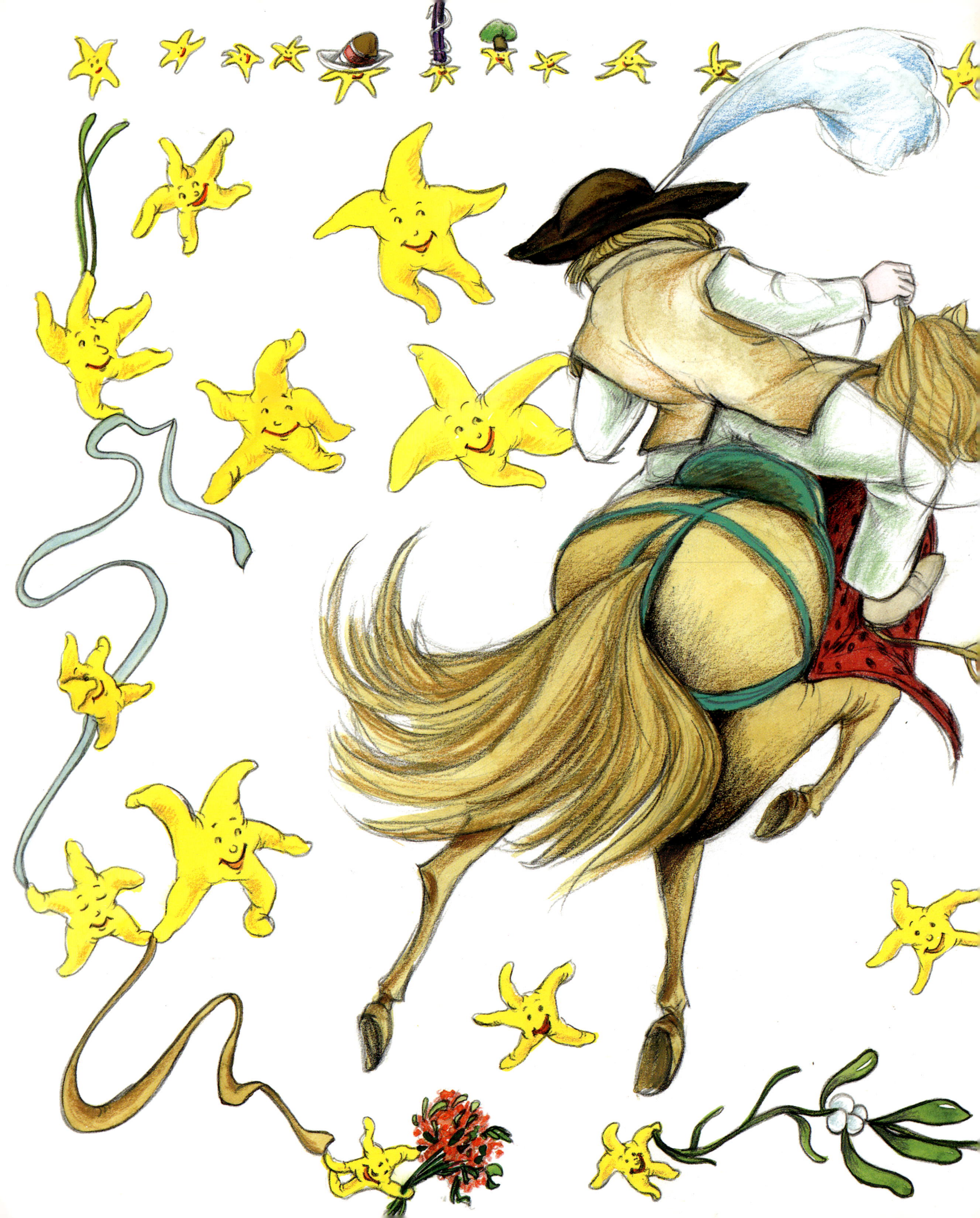

Pero aguardar, muchachas,
que cuando yo me muera
os raptaré una a una
en mi jaca de niebla.

Balada de un día de julio

Esquilones de plata
llevan los bueyes.

—¿Dónde vas, niña mía,
de sol y nieve?

—Voy a las margaritas
del prado verde.

—El prado está muy lejos
y miedo tiene.

—Al airón y a la sombra
mi amor no teme.

—Teme al sol, niña mía,
de sol y nieve.

—Se fue de mis cabellos
ya para siempre.

—¿Quién eres, blanca niña?
¿De dónde vienes?

—Vengo de los amores
y de las fuentes.

Esquilones de plata
llevan los bueyes.

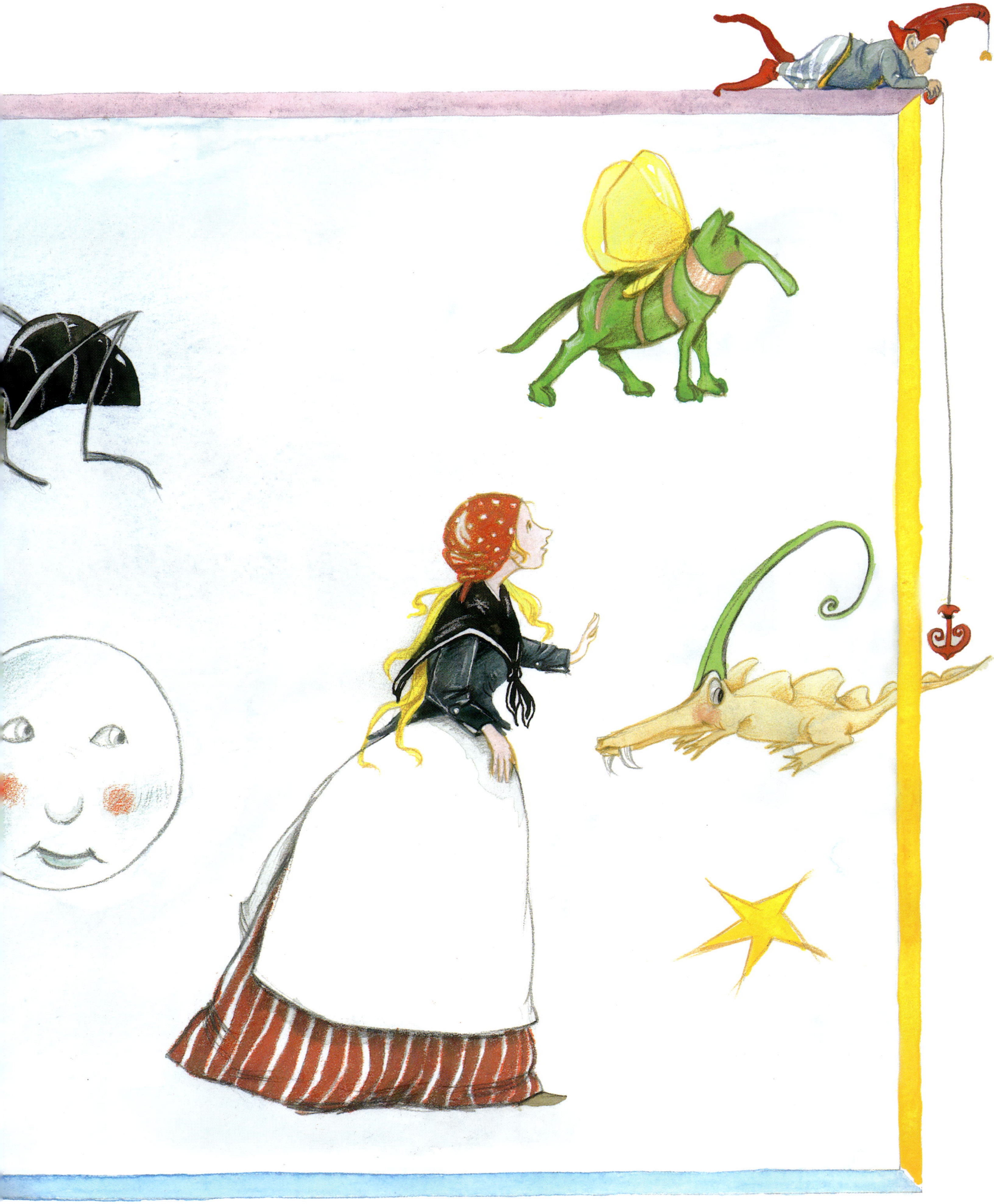

—¿Qué llevas en la boca
que se te enciende?

—La estrella de mi amante
que vive y muere.

—¿Qué llevas en el pecho
tan fino y leve?

—La espada de mi amante
que vive y muere.

—¿Qué llevas en los ojos
negro y solemne?

—Mi pensamiento triste
que siempre hiere.

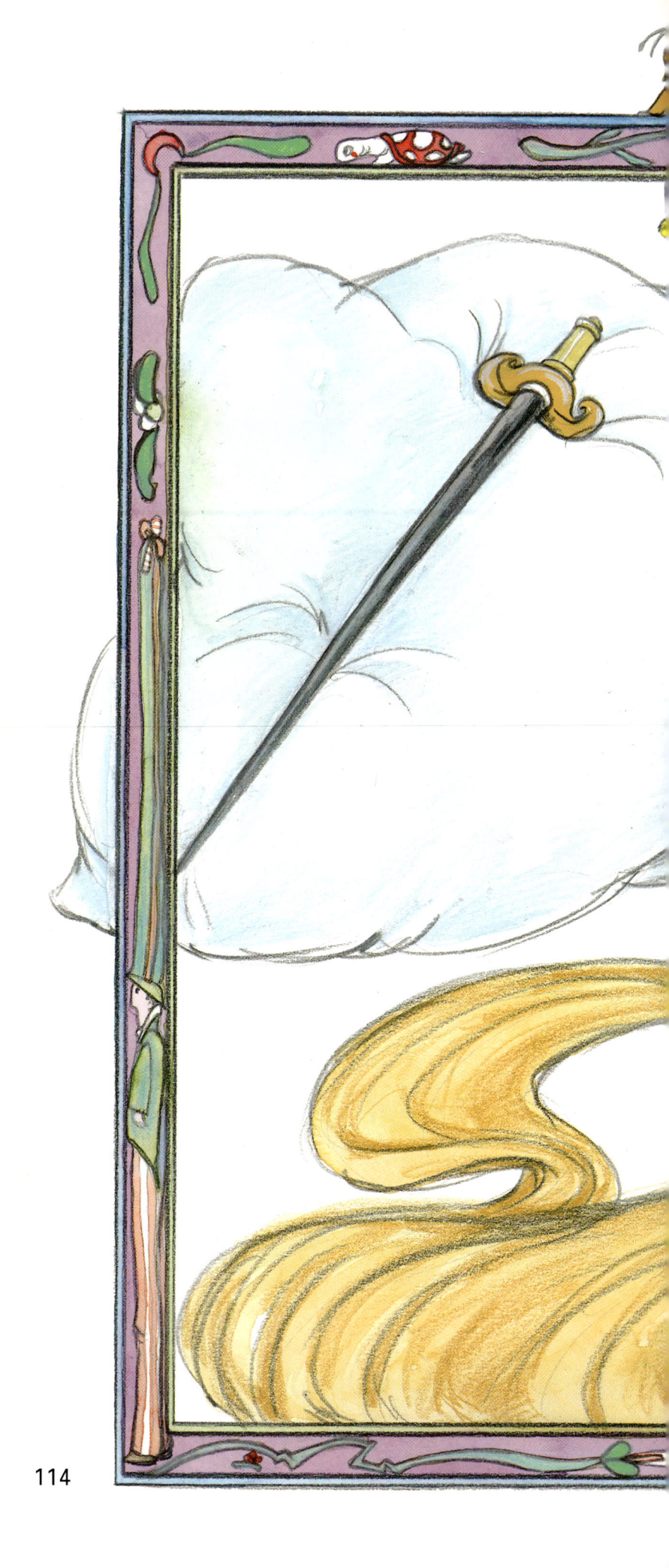

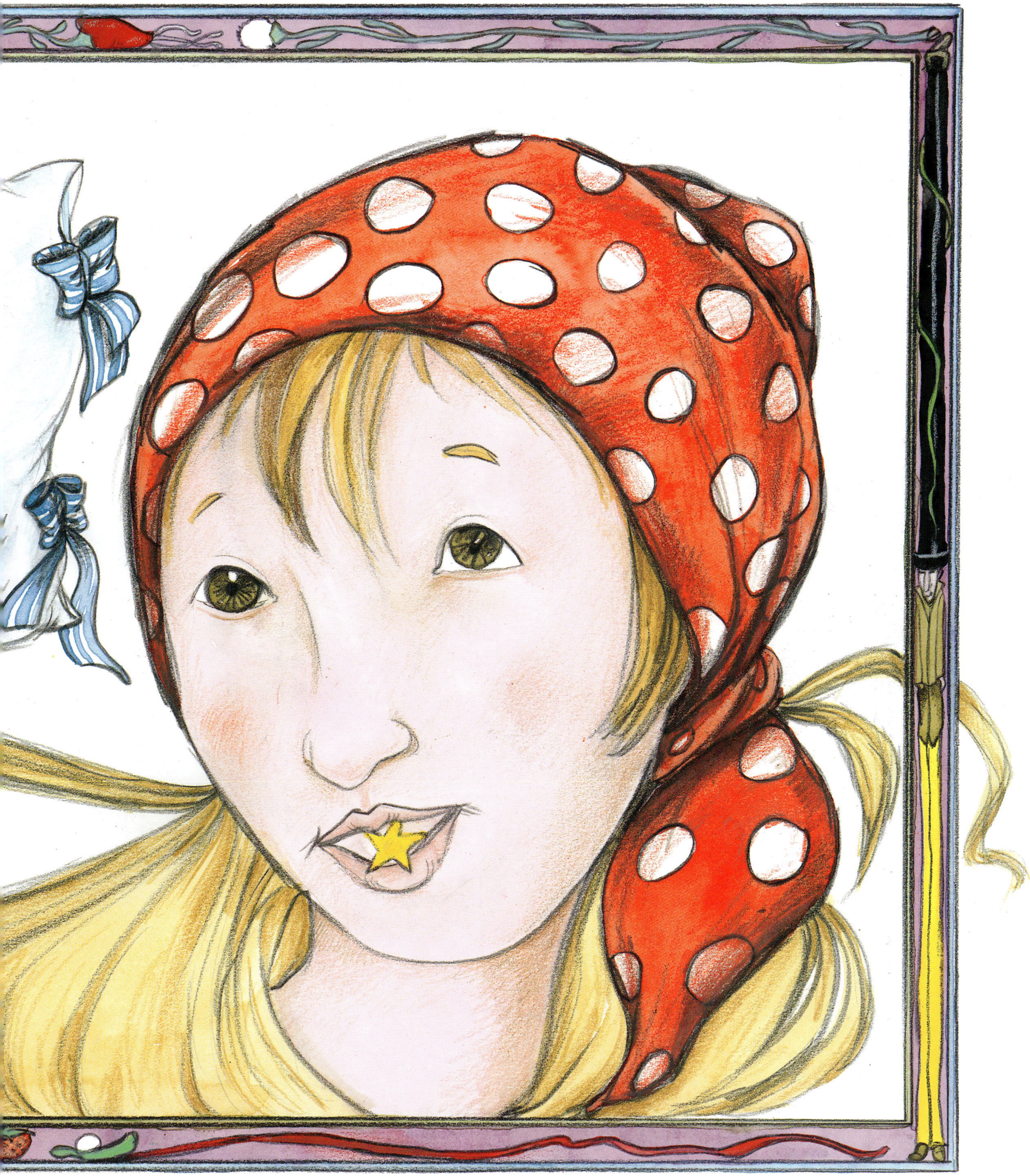

—¿Por qué llevas un manto
negro de muerte?

—¡Ay, yo soy la viudita
triste y sin bienes
del conde del Laurel
de los Laureles!

—¿A quién buscas aquí
si a nadie quieres?

—Busco el cuerpo del
conde
de los Laureles.

—¿Tú buscas el amor,
viudita aleve?
Tú buscas un amor
que ojalá encuentres.

—Estrellitas del cielo
son mis quereres.
¿Dónde hallaré a mi amante
que vive y muere?

—Está muerto en el agua,
niña de nieve,
cubierto de nostalgias
y de claveles.

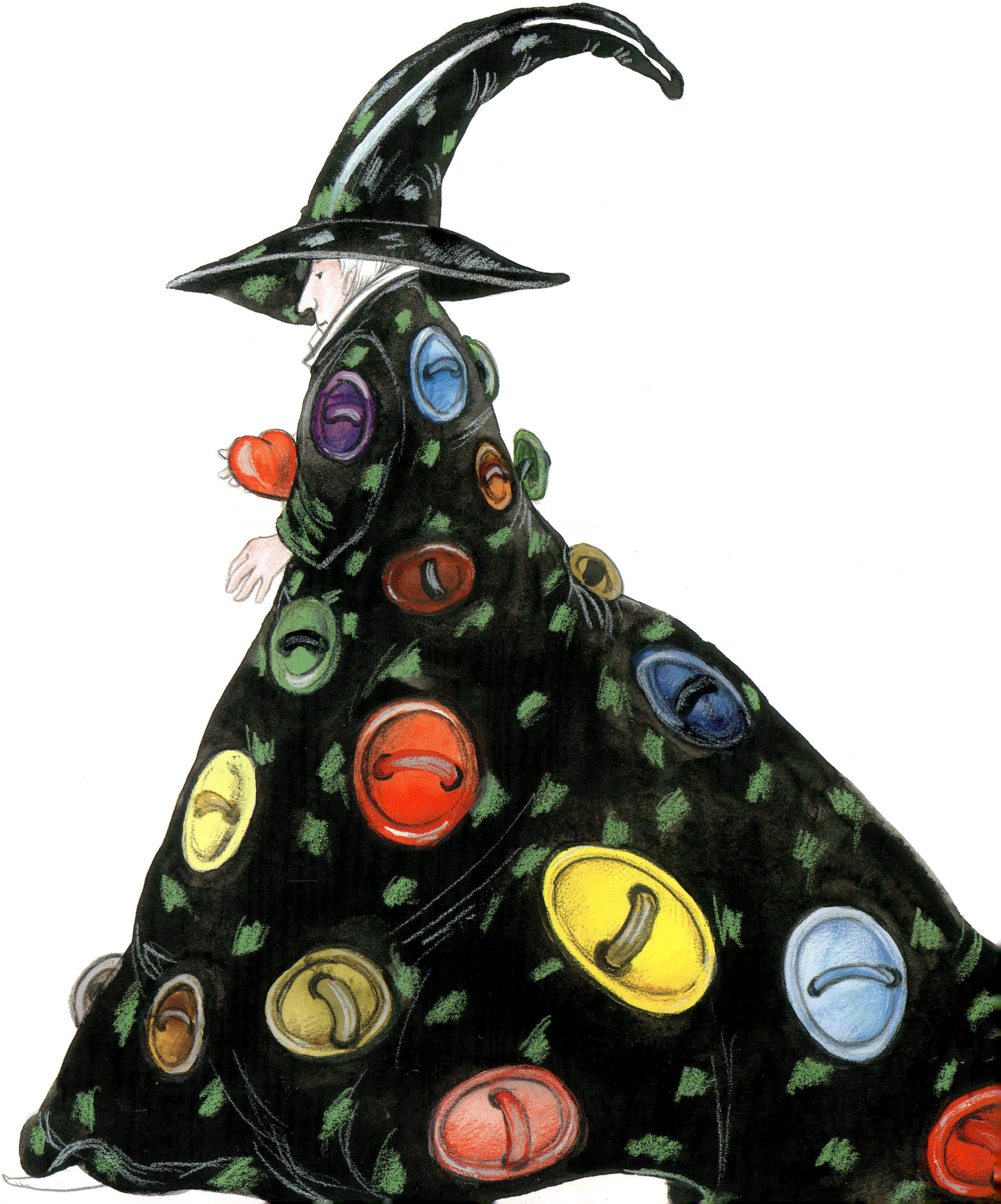

—¡Ay!, caballero errante
de los cipreses,
una noche de luna
mi alma te ofrece.

—Ah Isis soñadora,
niña sin mieles
la que en bocas de niños
su cuento vierte.
Mi corazón te ofrezco,
corazón tenue,
herido por los ojos
de las mujeres.

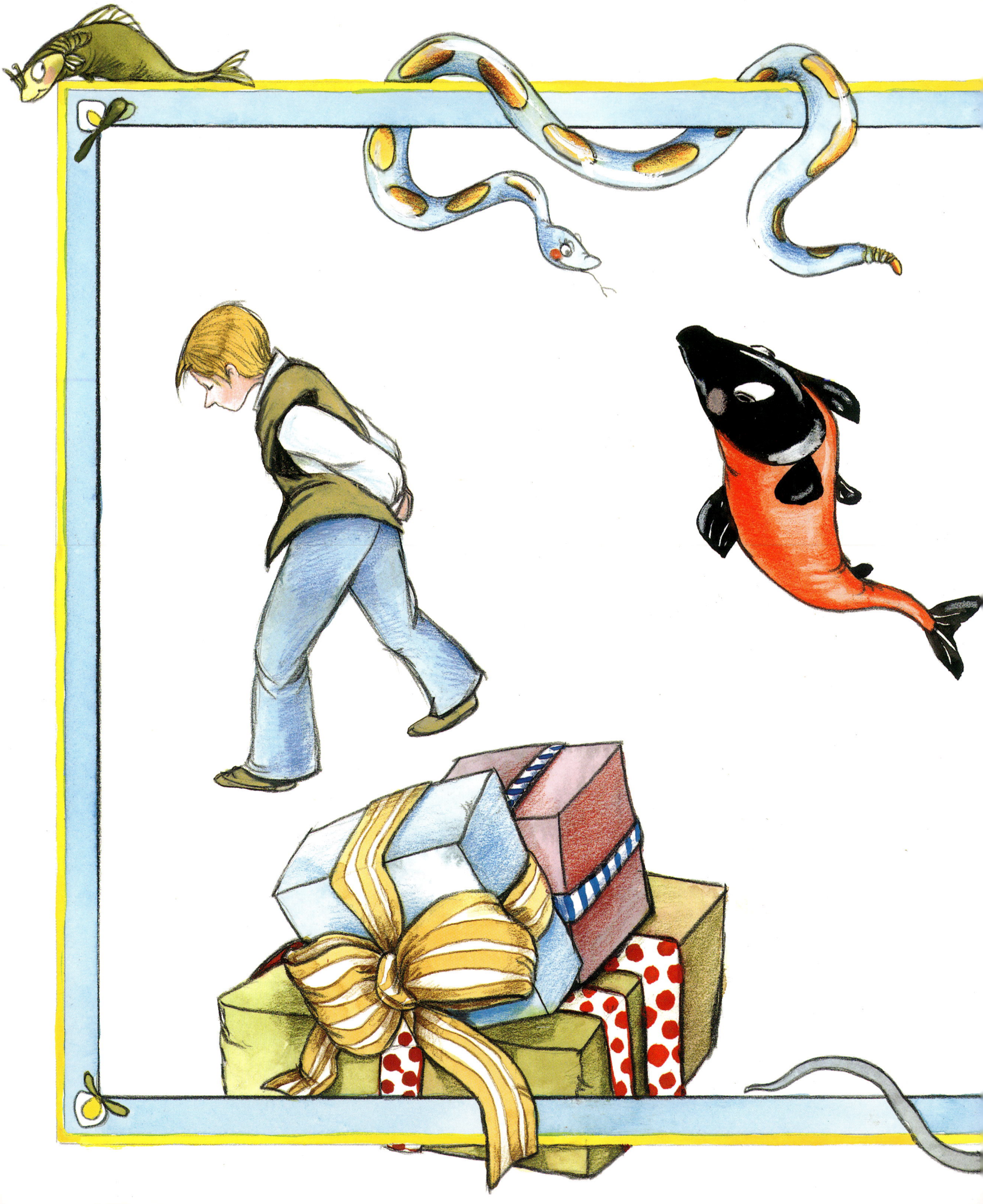

—Caballero galante,
con Dios te quedes.
Voy a buscar al conde
de los Laureles...

Adiós, mi doncellita,
rosa durmiente,
tú vas para el amor
y yo a la muerte.

Esquilones de plata
llevan los bueyes.

Mi corazón desangra como una fuente.

HISTORIAS Y LEYENDAS

Romance de la luna, luna

La luna vino a la fragua
con su polisón de nardos.
El niño la mira, mira.
El niño la está mirando.

En el aire conmovido
mueve la luna sus brazos
y enseña, lúbrica y pura,
sus senos de duro estaño.

Huye luna, luna, luna.
Si vinieran los gitanos,
harían con tu corazón
collares y anillos blancos.

Niño, déjame que baile.
Cuando vengan los gitanos,
te encontrarán sobre el yunque
con los ojillos cerrados.

Huye, luna, luna, luna,
que ya siento sus caballos.
Niño, déjame, no pises
mi blancor almidonado.

El jinete se acercaba
tocando el tambor del llano.
Dentro de la fragua el niño,
tiene los ojos cerrados.

Por el olivar venían,
bronce y sueño, los gitanos.
Las cabezas levantadas
y los ojos entornados.

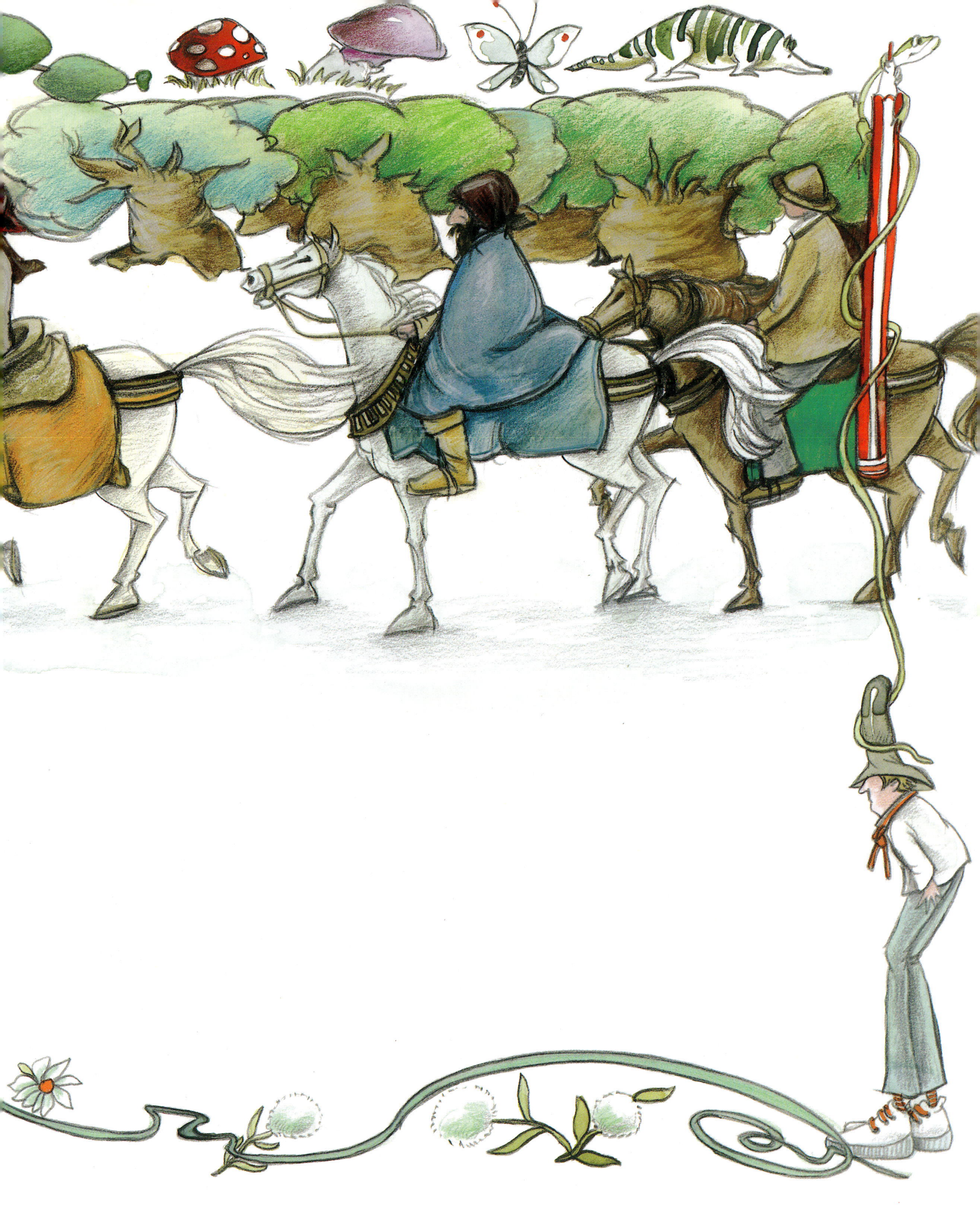

Cómo canta la zumaya,
¡ay cómo canta en el árbol!
Por el cielo va la luna
con un niño de la mano.

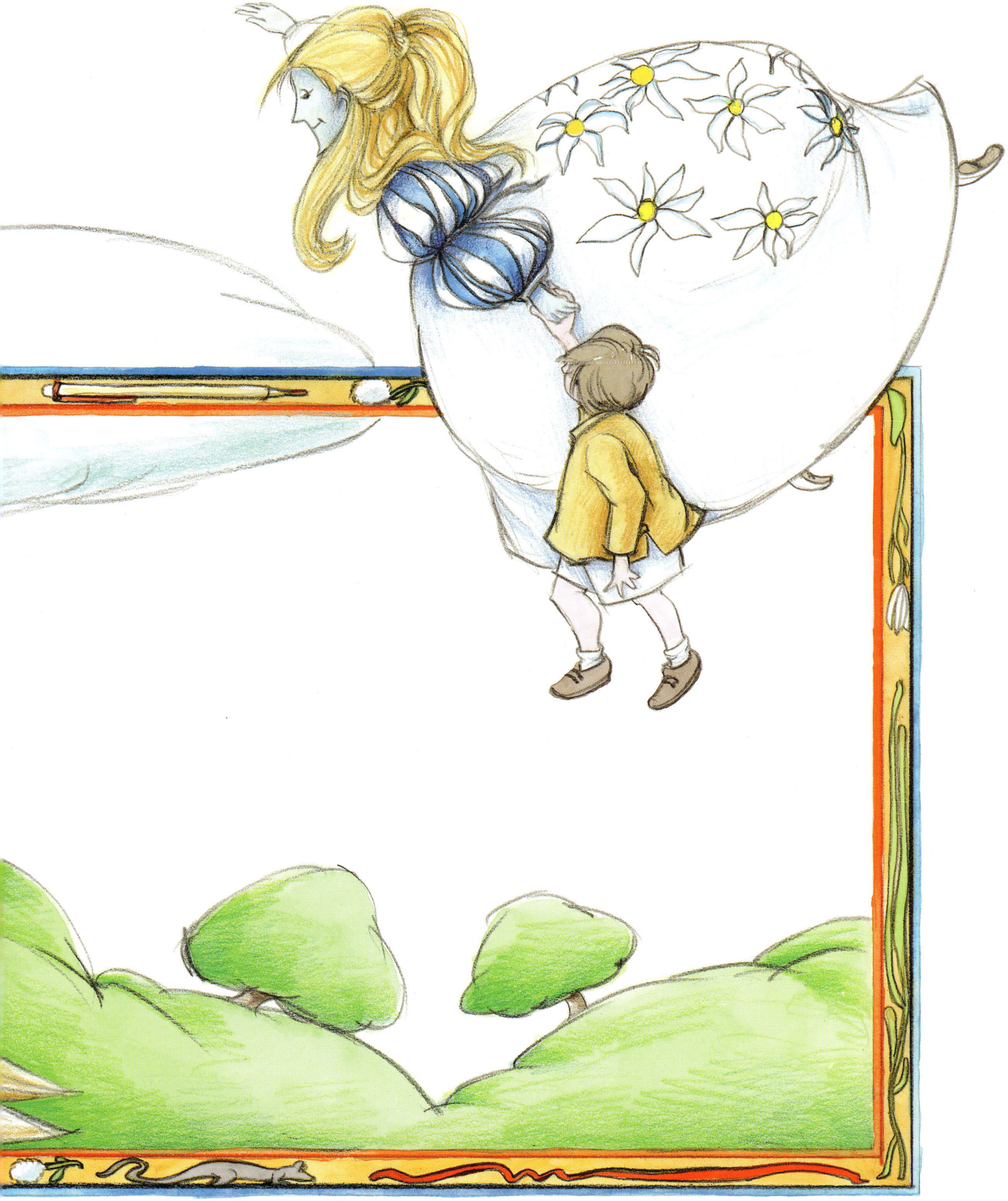

Dentro de la fragua lloran,
dando gritos, los gitanos.
El aire la vela, vela.
El aire la está velando.

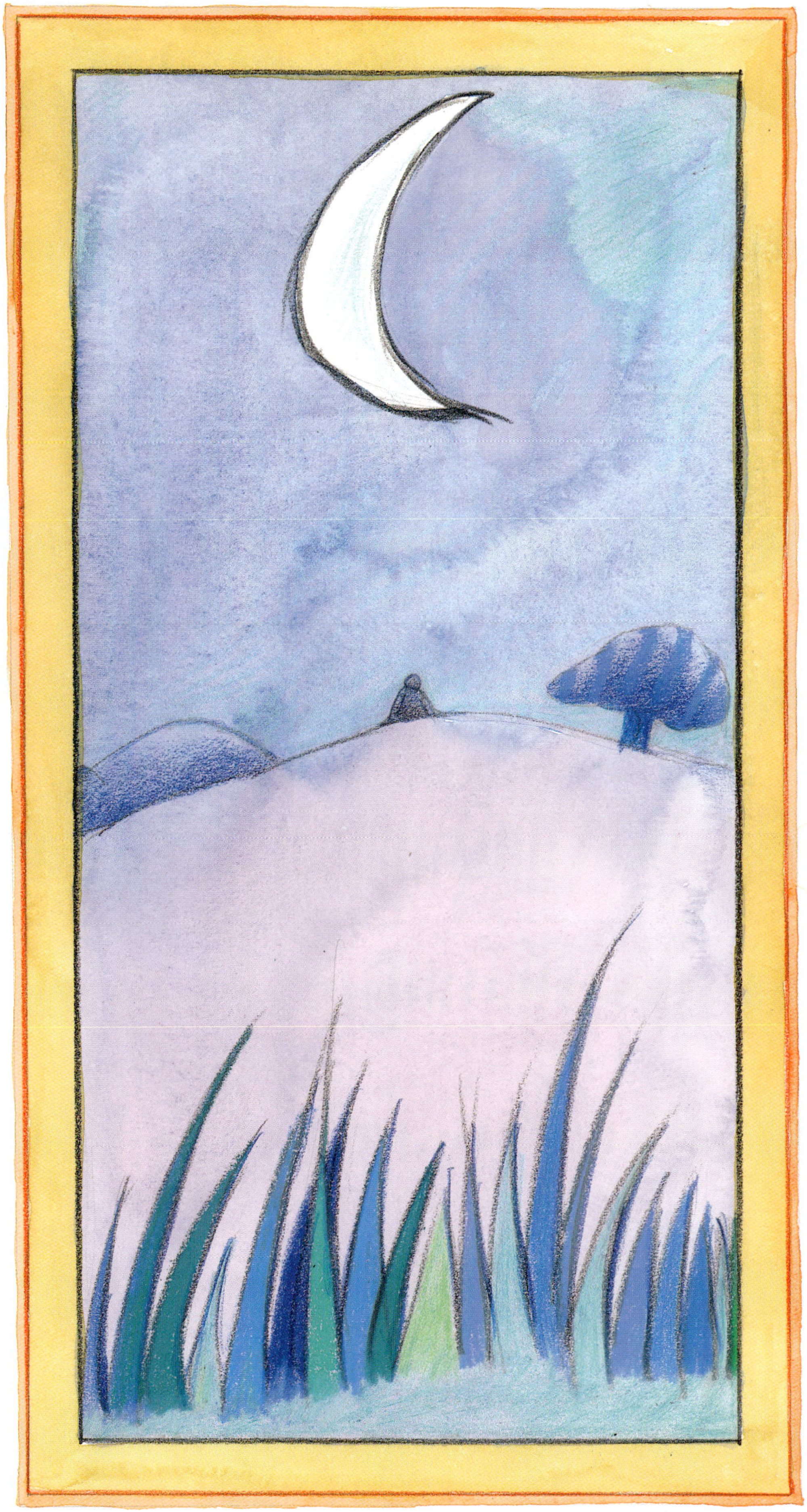

Santiago

I

Esta noche ha pasado Santiago
su camino de luz en el cielo.
Lo comentan los niños jugando
con el agua de un cauce sereno.

¿Dónde va el peregrino celeste
por el claro infinito sendero?
Va a la aurora que brilla en el fondo
en caballo blanco como el hielo.

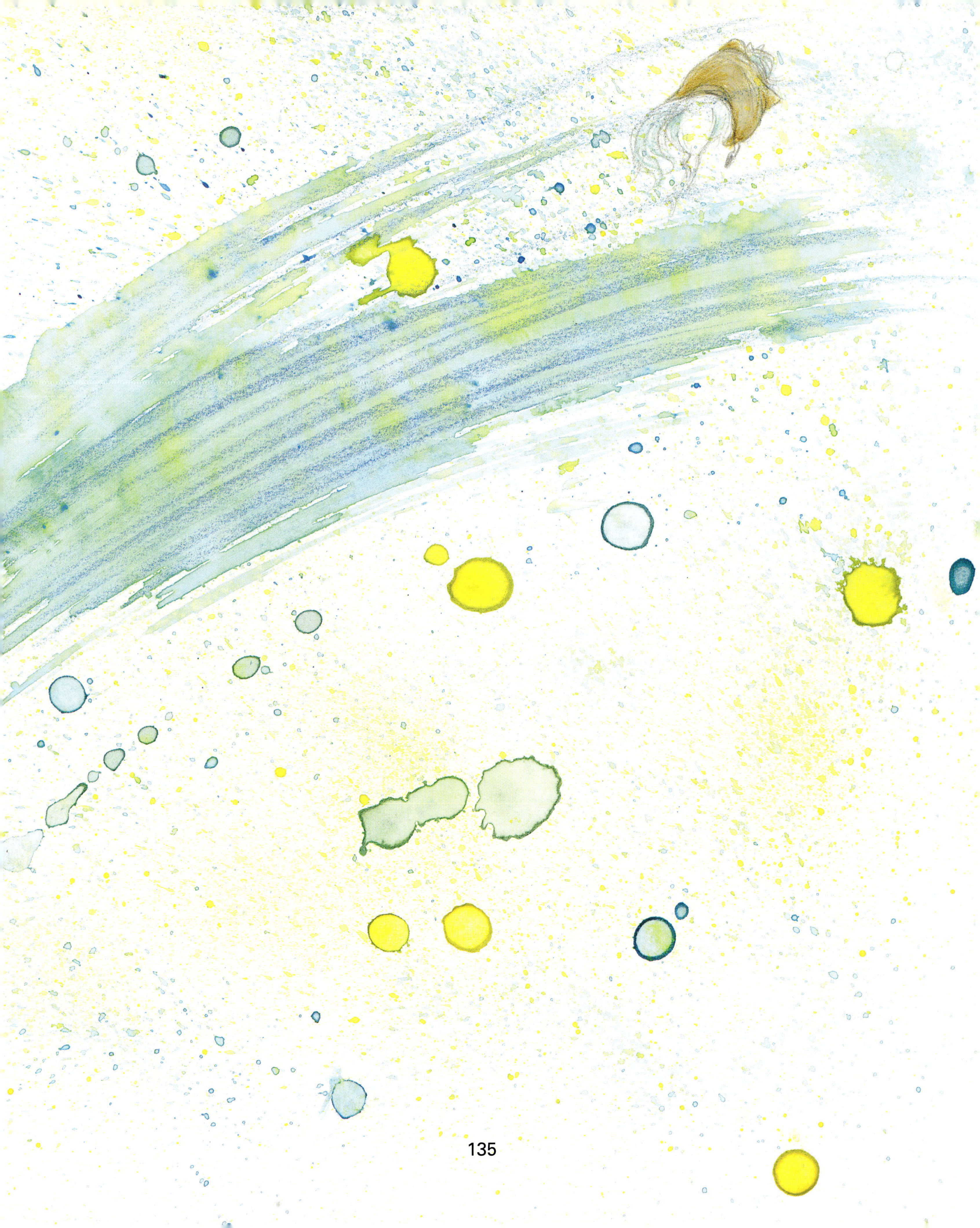

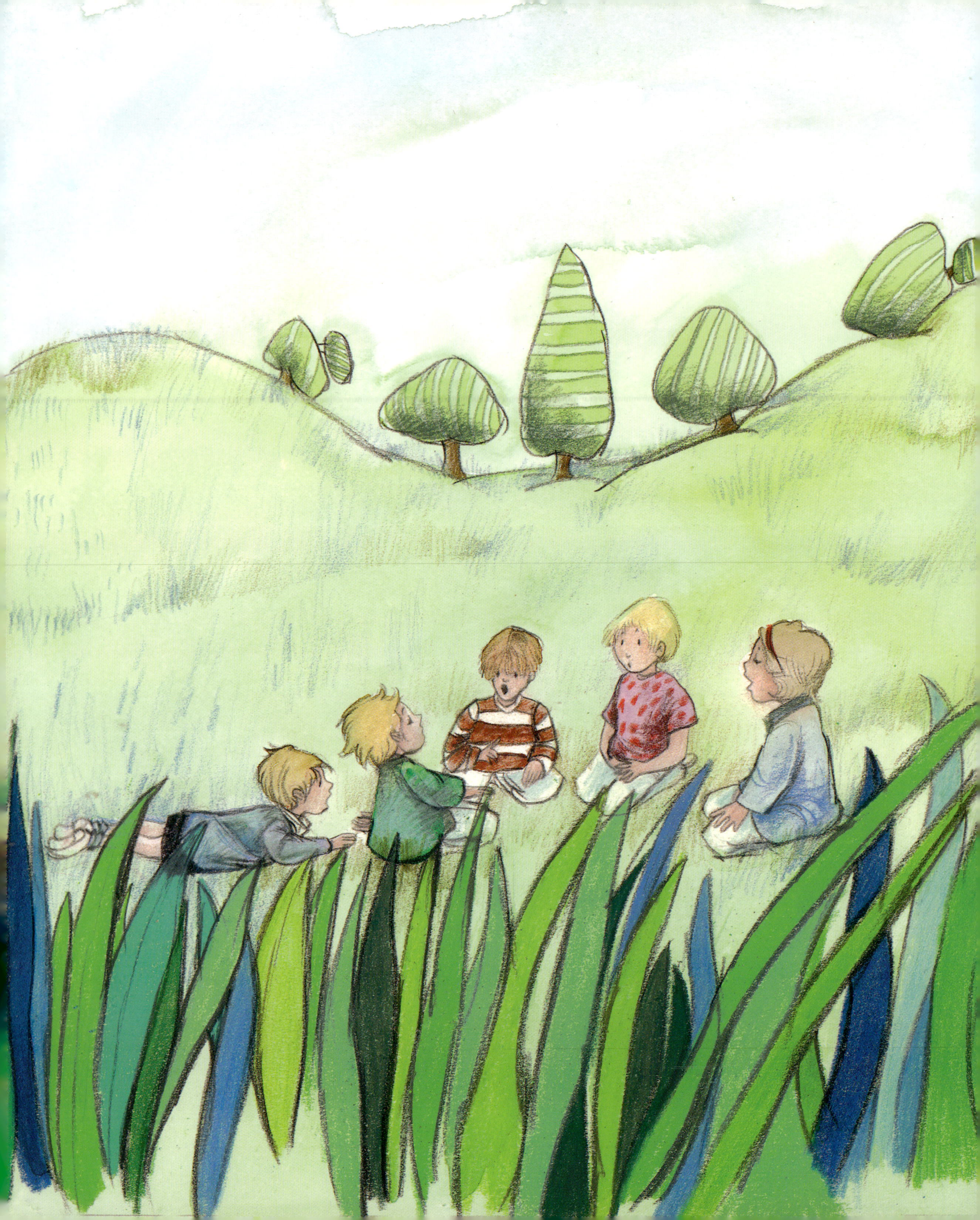

¡Niños chicos, cantad en el prado,
horadando con risas al viento!

Dice un hombre que ha visto a Santiago
en tropel con doscientos guerreros:
iban todos cubiertos de luces,
con guirnaldas de verdes luceros,
y el caballo que monta Santiago
era un astro de brillos intensos.

Dice el hombre que cuenta la historia
que en la noche dormida se oyeron
tremolar plateado de alas
que en sus ondas llevóse el silencio.

¿Qué sería que el río paróse?
Eran ángeles los caballeros.

¡Niños chicos, cantad en el prado,
horadando con risas al viento!

Es la noche de luna menguante.
¡Escuchad! ¿Qué se siente en el cielo,
que los grillos refuerzan sus cuerdas
y dan voces los perros vegueros?

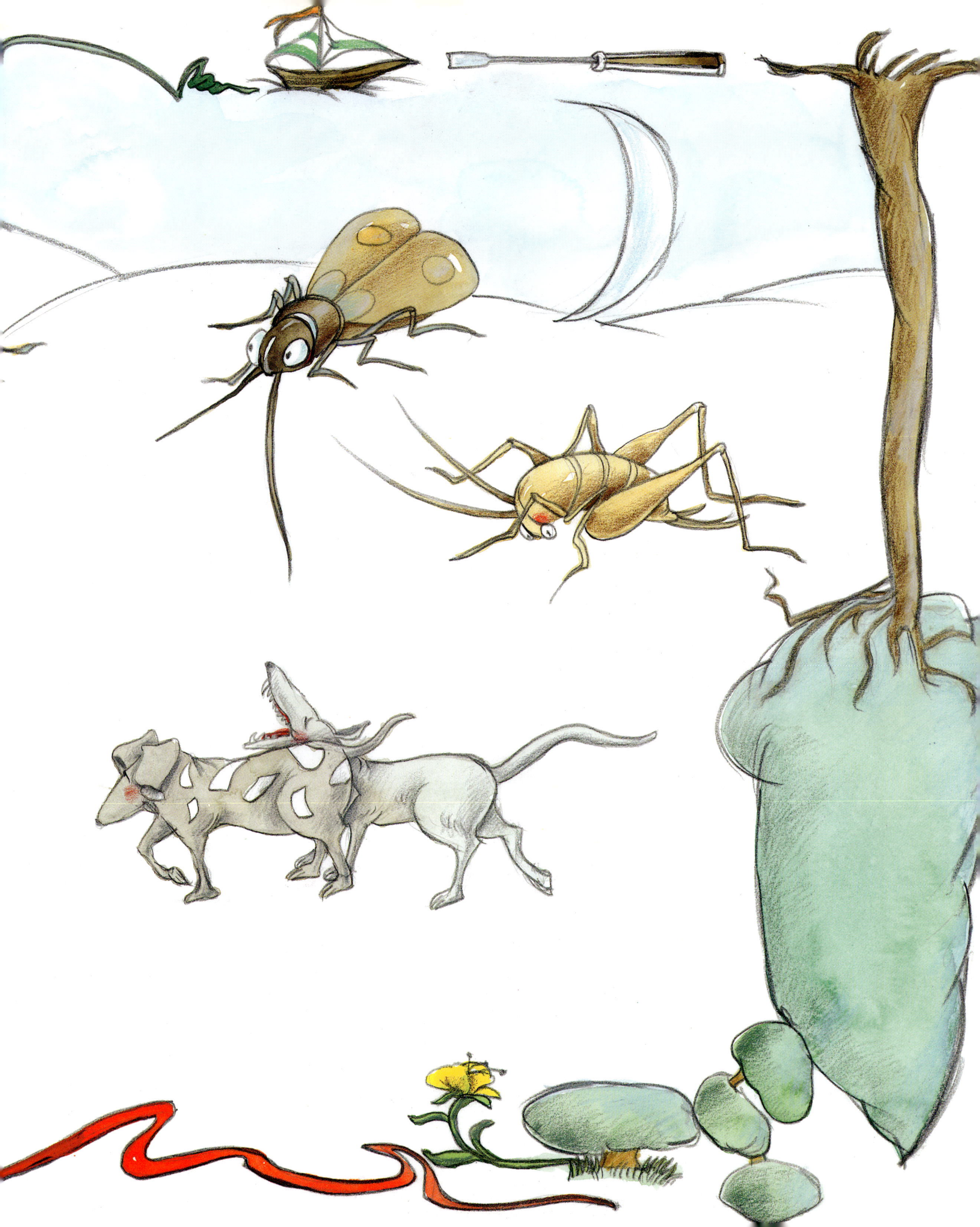

—¿Madre abuela, cuál es el camino,
madre abuela, que yo no lo veo?

—Mira bien y verás una cinta
de polvillo harinoso y espeso,
un borrón que parece de plata
o de nácar. ¿Lo ves?
                    —Ya lo veo.

—Madre abuela, ¿dónde está Santiago?
—Por allí marcha con su cortejo,
la cabeza llena de plumajes
y de perlas muy finas su cuerpo,
con la luna rendida a sus plantas,
con el sol escondido en el pecho.

Esta noche en la vega se escuchan
los relatos brumosos del cuento.

¡Niños chicos, cantad en el prado,
horadando con risas al viento!

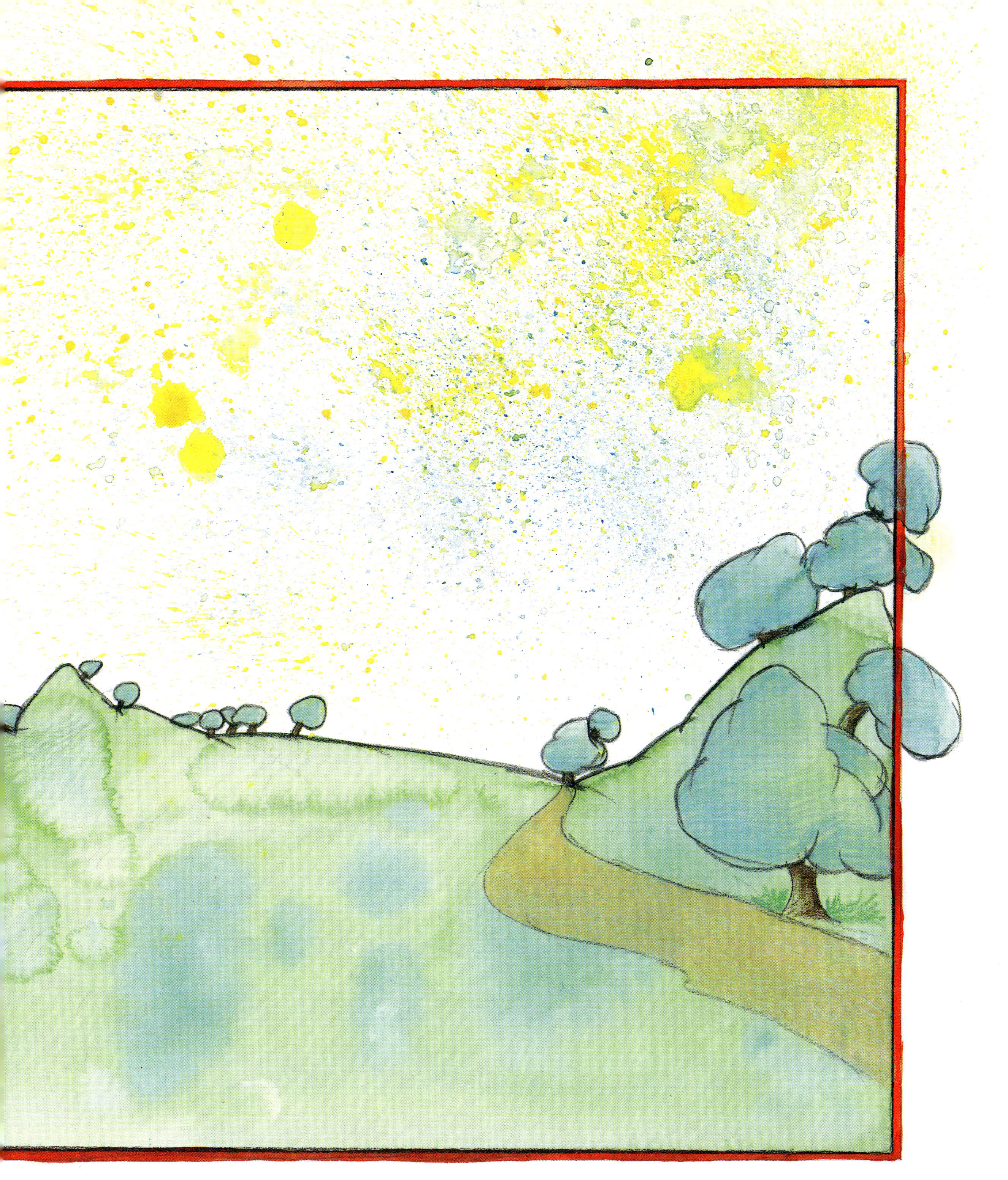

II

Una vieja que vive muy pobre
en la parte más alta del pueblo,
que posee una rueca inservible,
una Virgen y dos gatos negros,
mientras hace la ruda calceta
con sus secos y temblones dedos,
rodeada de buenas comadres
y de sucios chiquillos traviesos,
en la paz de la noche tranquila,
con las sierras perdidas en negro,
va contando con ritmos tardíos
la visión que ella tuvo en sus tiempos.

Ella vio en una noche lejana
como ésta, sin ruidos ni vientos,
al apóstol Santiago en persona,
peregrino en la tierra del cielo.

—Y comadre, ¿cómo iba vestido?
—le preguntan dos voces a un tiempo.

—Con bordón de esmeraldas y perlas
y una túnica de terciopelo.

Cuando hubo pasado la puerta,
mis palomas sus alas tendieron,
y mi perro, que estaba dormido,
fue tras él, sus pisadas lamiendo.
Era dulce el Apóstol divino,
más aún que la luna de Enero.
A su paso dejó por la senda
un olor de azucena e incienso.

—Y comadre, ¿no le dijo nada?
—le preguntan dos voces a un tiempo.

—Al pasar me miró sonriente
y una estrella dejóme aquí dentro.

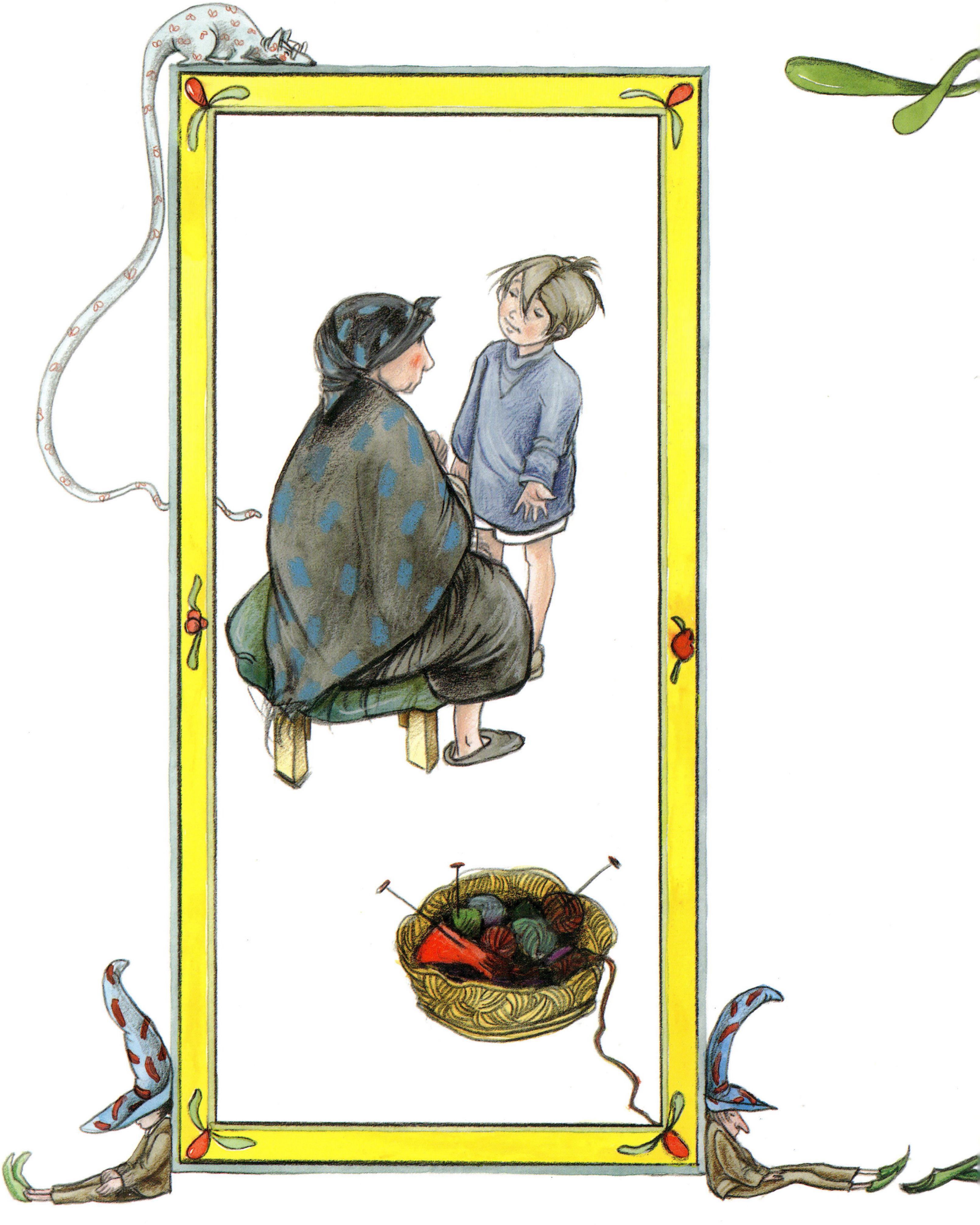

—¿Dónde tienes guardada la estrella?
—le pregunta un chiquillo travieso.

—¿Se ha apagado —dijéronle otros—
como cosa de un encantamiento?

—No, hijos míos, la estrella relumbra,
que en el alma clavada la llevo.

—¿Cómo son las estrellas aquí?
—Hijo mío, igual que en el cielo.

—Siga, siga la vieja comadre.
¿Dónde iba el glorioso viajero?

—Se perdió por aquellas montañas
con mis blancas palomas y el perro.
Pero llena dejóme la casa
de rosales y de jazmineros,
y las uvas verdes de la parra
maduraron, y mi troje lleno
encontré a la siguiente mañana.
Todo obra del Apóstol bueno.

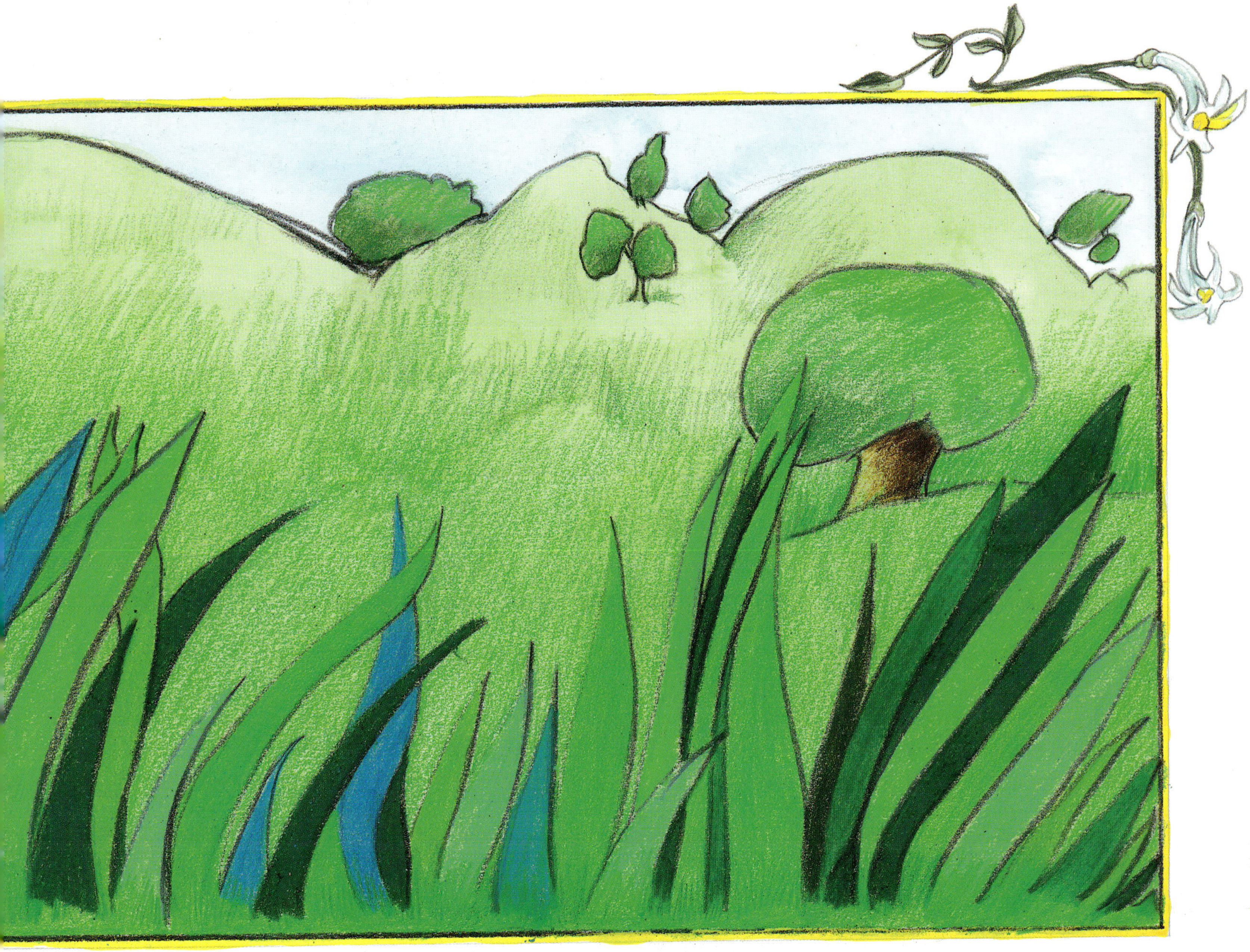

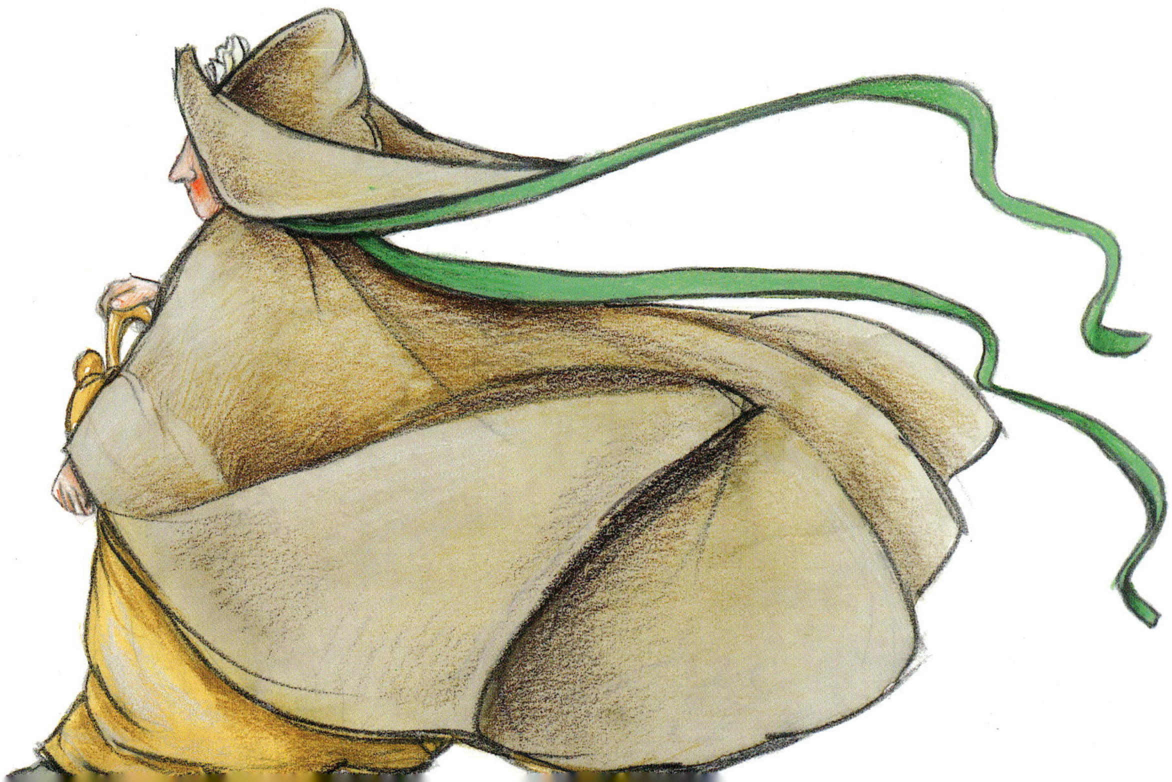

—¡Grande suerte que tuvo, comadre!
—sermonean dos voces a un tiempo.

Los chiquillos están ya dormidos
y los campos en hondo silencio.

¡Niños chicos, pensad en Santiago
por los turbios caminos del sueño!

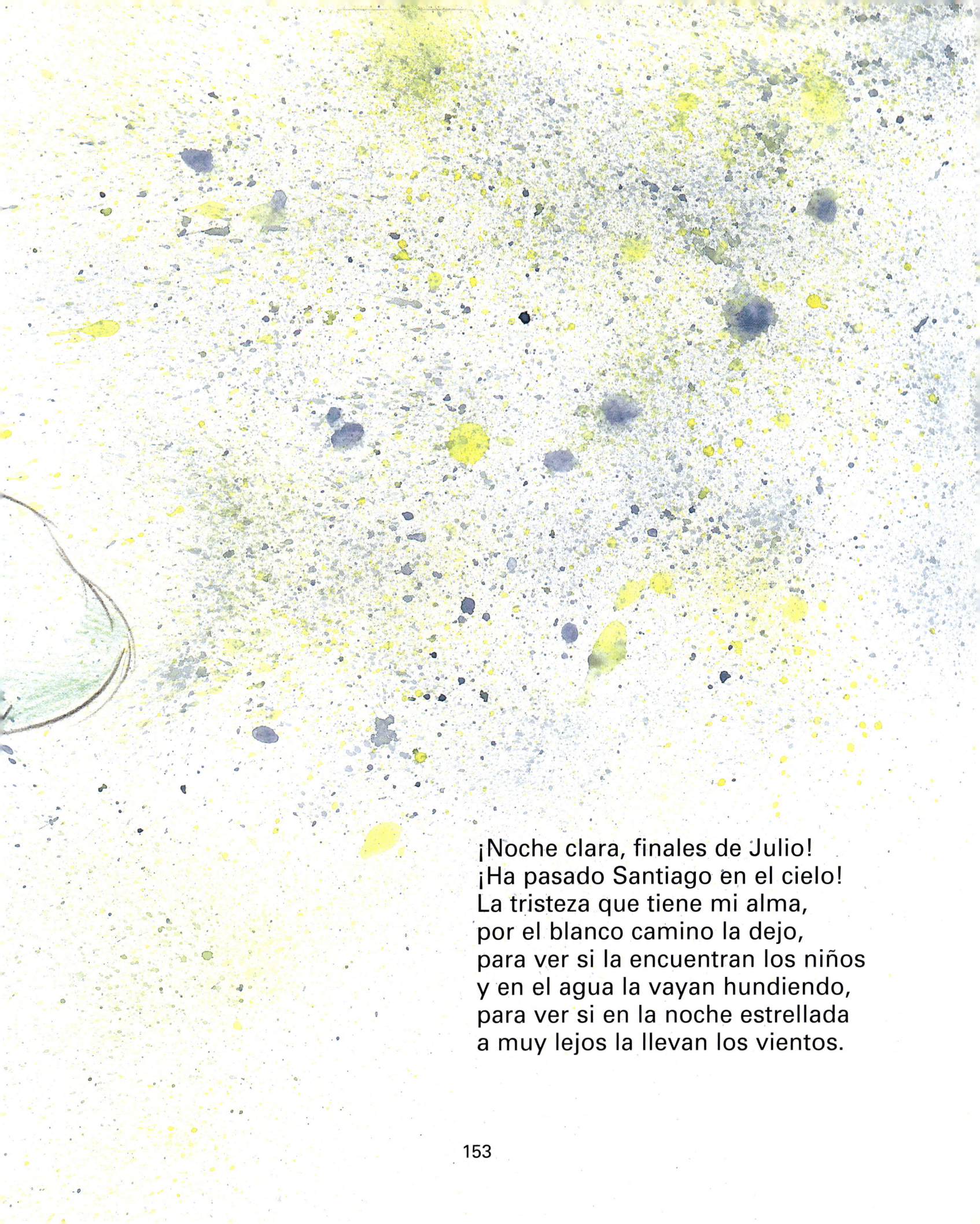

¡Noche clara, finales de Julio!
¡Ha pasado Santiago en el cielo!
La tristeza que tiene mi alma,
por el blanco camino la dejo,
para ver si la encuentran los niños
y en el agua la vayan hundiendo,
para ver si en la noche estrellada
a muy lejos la llevan los vientos.

Muerte de Antoñito el Camborio

Voces de muerte sonaron
cerca del Guadalquivir.

Voces antiguas que cercan
voz de clavel varonil.

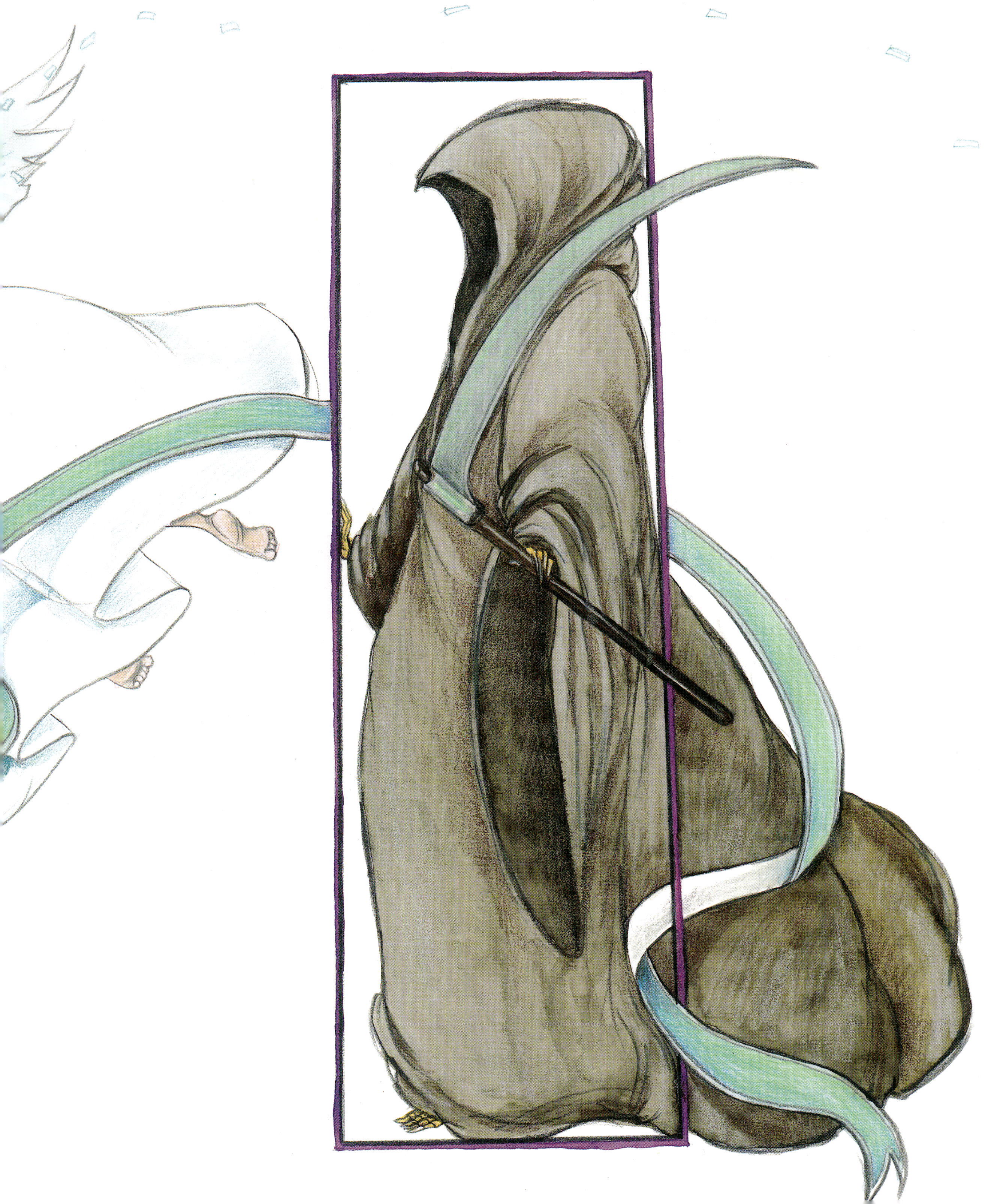

Les clavó sobre las botas
mordiscos de jabalí.

En la lucha daba saltos
jabonados de delfín.

Bañó con sangre enemiga
su corbata carmesí,
pero eran cuatro puñales
y tuvo que sucumbir.

Cuando las estrellas clavan
rejones al agua gris,
cuando los erales sueñan
verónicas de alhelí,
voces de muerte sonaron
cerca del Guadalquivir.

Antonio Torres Heredia,
Camborio de dura crin,
moreno de verde luna,
voz de clavel varonil:
¿quién te ha quitado la vida
cerca del Guadalquivir?

Mis cuatro primos Heredias,
hijos de Benamejí.
Lo que en otros no envidiaban,
ya lo envidiaban en mí.
Zapatos color corinto,
medallones de marfil,
y este cutis amasado
con aceituna y jazmín.

¡Ay Antoñito el Camborio
digno de una Emperatriz!
Acuérdate de la Virgen
porque te vas a morir.

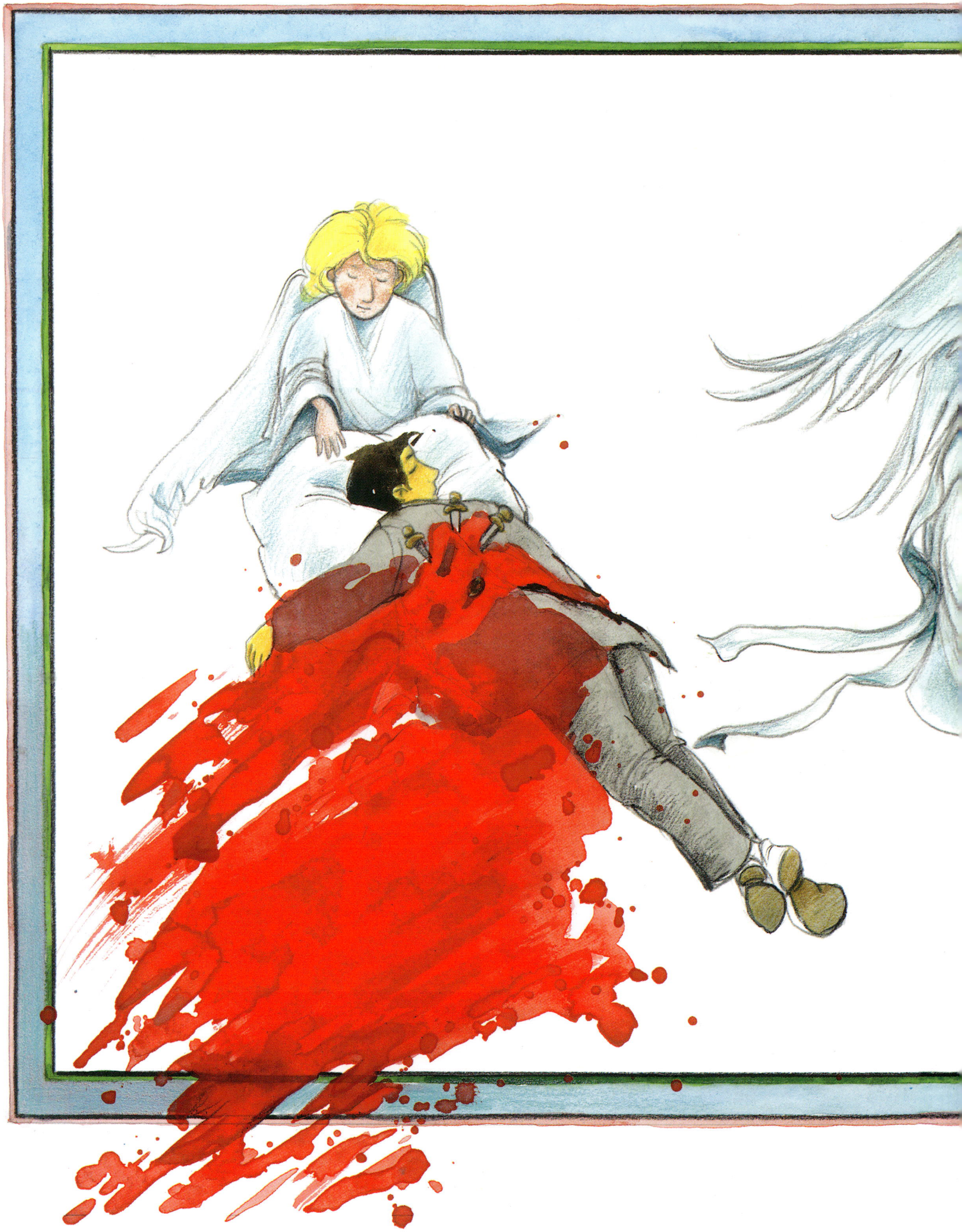

¡Ay Federico García!
llama a la Guardia Civil.
Ya mi talle se ha quebrado
como caña de maíz.

Tres golpes de sangre tuvo
y se murió de perfil.
Viva moneda que nunca
se volverá a repetir.

Un ángel marchoso pone
su cabeza en un cojín.
Otros de rubor cansado,
encendieron un candil.

Y cuando los cuatro primos
llegan a Benamejí,
voces de muerte cesaron
cerca del Guadalquivir.

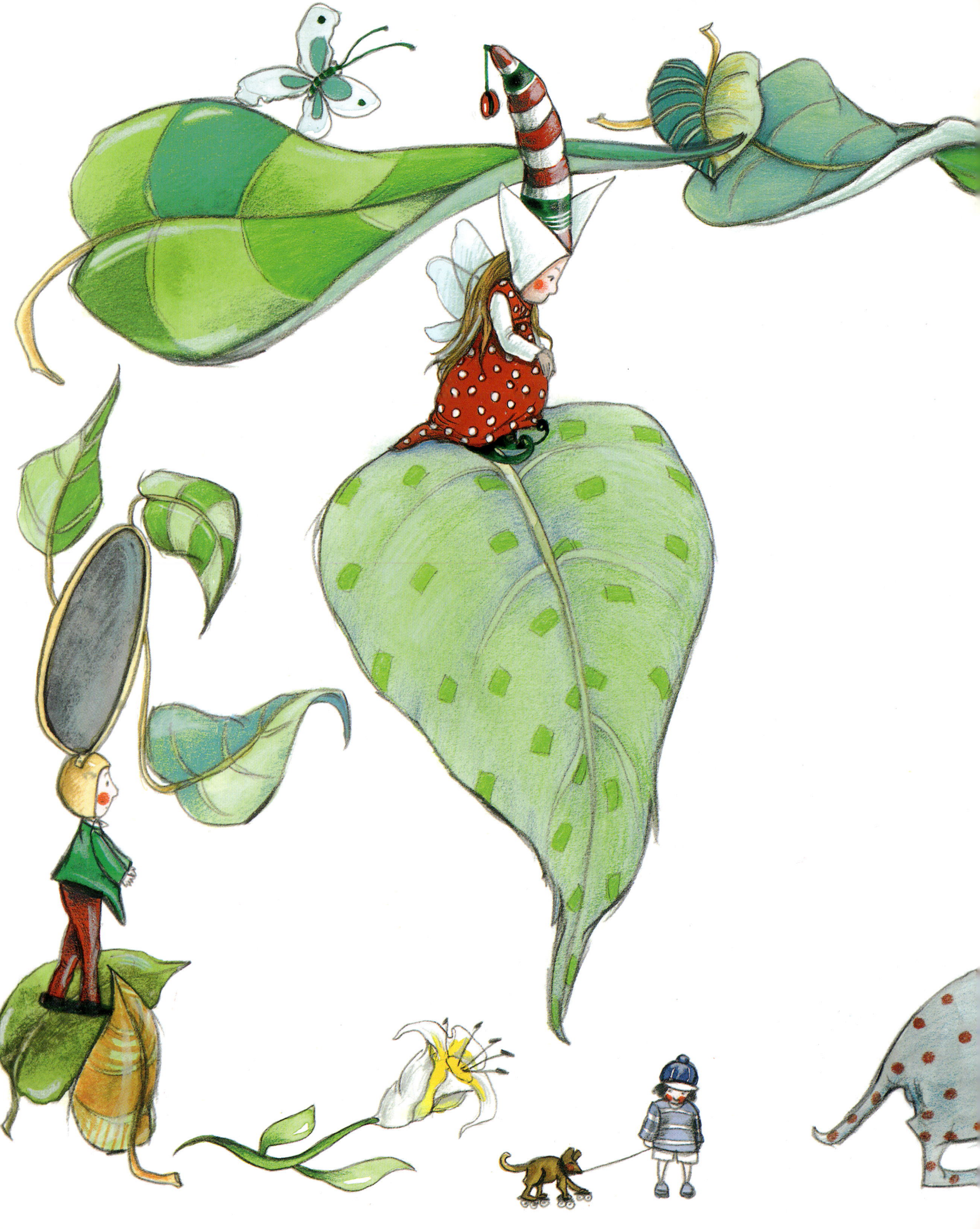

ÍNDICE

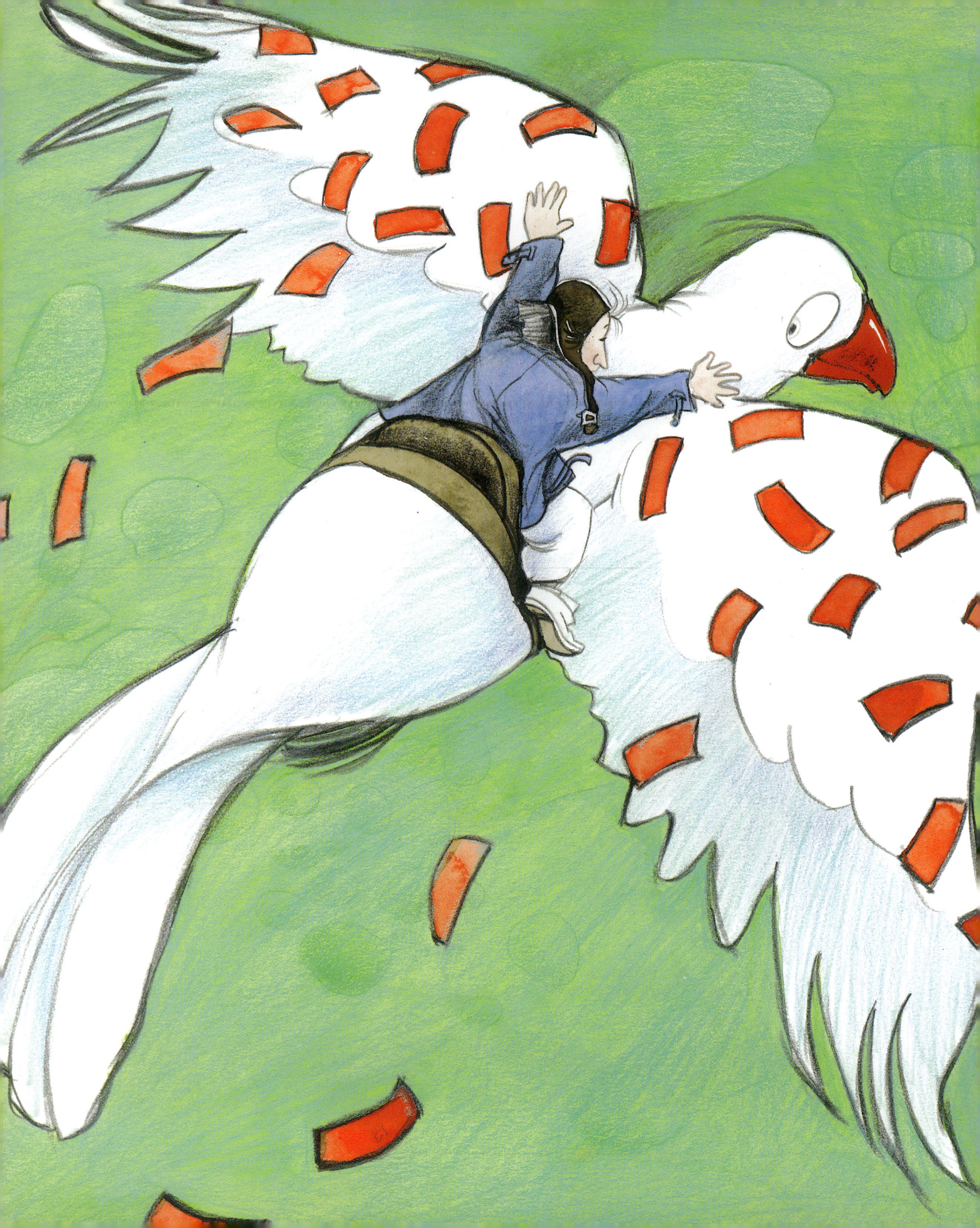

Índice general

Prólogo, 6

Canciones y Ritmos
Memento (Aire de llano), 11
Canción china en Europa, 14
Cancioncilla sevillana, 16
Canción tonta, 17
Tan, tan, 18
Balada amarilla, 19
Agua, ¿dónde vas?, 20
La canción de la torre negra, 21
Vals en las ramas, 22
Son de negros en Cuba, 26
La canción del cuco viejo, 29

Algunos Animales
El lagarto está llorando, 33
Balada del caracol blanco, 34
Balada del caracol negro, 36
Mosca, 39
¡Cigarra!, 40
Media luna, 42
Canción menor (fragmento), 43
El lagarto viejo (fragmento), 44

Naturaleza y Paisajes
Sol, 48
Estampas del mar, 49
Historieta del viento, 51
Árboles, 52
Paisaje, 55
Campo, 56
¡Adiós, sol!, 58
Puesta de canción, 60
Nieve, 61

Infancias y Juegos
Adivinanza de la guitarra, 64
Afuresma a José Bergamín, 66
Mi niña se fue a la mar, 67
Ráfaga, 70
Caracola, 72
Estampilla y juguete, 75
Tiovivo, 76
Balada de la placeta, 80

Baladas y amores
Adelina de paseo, 92
Arbolé, 94
Balada interior, 100
A Margarita, 107
Estampa del cielo, 108
Balada de un día de julio, 112

Historias y leyendas
Romance de la luna, luna, 126
Santiago, 134
Muerte de Antoñito el Camborio, 154

Índice alfabético de poesías

A Margarita, 107
Adelina de paseo, 92
¡Adiós, sol!, 58
Adivinanza de la guitarra, 64
Afuresma a José Bergamín, 66
Agua, ¿dónde vas?, 20
Arbolé, 94
Árboles, 52

Balada amarilla, 19
Balada de la placeta, 80
Balada de un día de julio, 112
Balada del caracol blanco, 34
Balada del caracol negro, 36
Balada interior, 100

Campo, 56
Canción china en Europa, 14
Canción de la torre negra, 21
Canción del cuco viejo, 29
Canción menor (fragmento), 43
Canción tonta, 17
Cancioncilla sevillana, 16
Caracola, 72
¡Cigarra!, 40

Estampa del cielo, 108
Estampas del mar, 49
Estampilla y juguete, 75

Historieta del viento, 51

Lagarto está llorando, el, 33
Lagarto viejo (fragmento), el, 44

Media luna, 42
Memento (aire de llano), 11
Mi niña se fue a la mar, 67
Mosca, 39
Muerte de Antoñito el Camborio, 154

Nieve, 61

Paisaje, 55
Puesta de canción, 60

Ráfaga, 70
Romance de la luna, luna, 126

Santiago, 134
Sol, 48
Son de negros en Cuba, 26

Tan, tan, 18
Tiovivo, 76
Vals en las ramas, 22

Índice de procedencia de las poesías*

De Libro de Poemas
Canción menor (fragmento)
¡Cigarra!
Santiago
Balada de un día de julio
Balada interior
El lagarto viejo (fragmento)
Balada de la placeta
Campo
Árboles

De Primeras Canciones
Media luna
Balada amarilla

De Suites
Puesta de canción
Estampa del cielo
Estampas del mar
Historieta del viento
Ráfaga
Nieve
Memento
¡Adiós, sol!
Canción del cuco viejo
Balada del caracol blanco
Balada del caracol negro

De Poema del Cante Jondo
Adivinanza de la guitarra

*Se sigue la edición de Obras Completas I, del Círculo de lectores, 1997.

De *Canciones*
Tiovivo
Canción china en Europa
Cancioncilla sevillana
Caracola
El lagarto está llorando
Paisaje
Canción tonta
Adelina de paseo
Mi niña se fue a la mar
Arbolé
Agua, ¿adónde vas?

De *Primer Romancero Gitano*
Romance de la luna, luna
Muerte de Antoñito el Camborio

De *Poemas Sueltos I*
Estampilla y juguete

De *Poeta en Nueva York*
Vals en las ramas
Son de negros en Cuba

De *Poemas sueltos III*
Tan, tan

Poesía varia
Sol
Canción de la Torre Negra
Mosca
A Margarita
Afuresma a José Bergamín

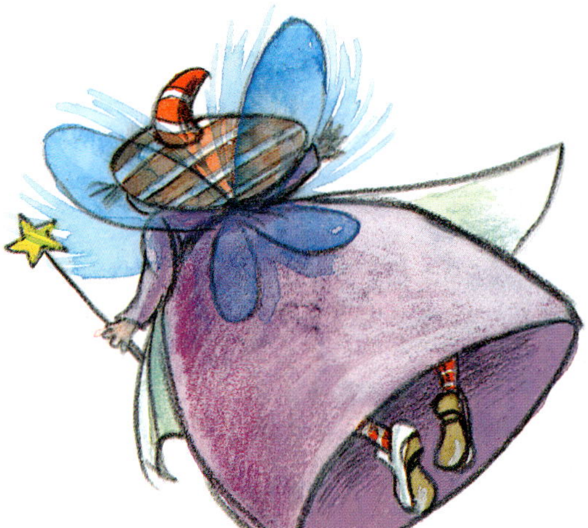

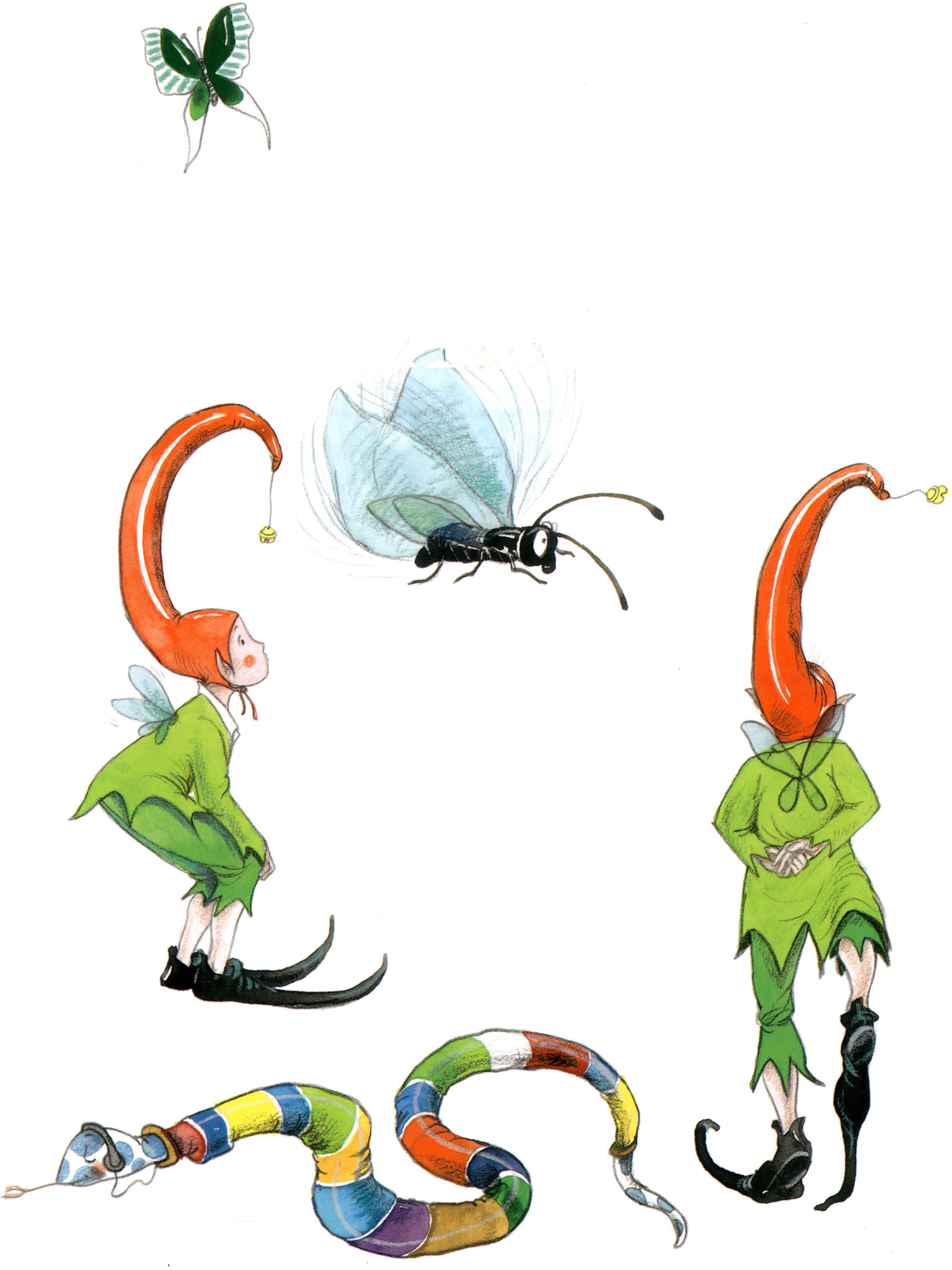